教师 成长力 修炼

— 刘 波/著 —

JIAOSHI CHENGZHANGLI XIULIAN

图书在版编目（CIP）数据

教师成长力修炼 / 刘波著. — 宁波：宁波出版社，2015.6（2016.6 重印）

ISBN 978-7-5526-2132-7

Ⅰ.①教… Ⅱ.①刘… Ⅲ.①师资培养—研究 Ⅳ.① G451.2

中国版本图书馆 CIP 数据核字（2015）第 133881 号

教师成长力修炼

刘　波　著

出版发行	宁波出版社	
地　　址	宁波市甬江大道 1 号宁波书城 8 号楼 6 楼	
邮　　编	315040	
联系电话	0574-87259609	
网　　址	http://www.nbcbs.com	
责任编辑	徐　飞　陈　静	
装帧设计	金字斋	
印　　刷	浙江新华数码印务有限公司	
开　　本	710 毫米 ×1000 毫米　1/16	
印　　张	14.25	
字　　数	177 千	
版　　次	2015 年 6 月第 1 版	
印　　次	2016 年 6 月第 2 次印刷	
标准书号	ISBN 978-7-5526-2132-7	
定　　价	29.00 元	

如发现倒装或缺页，影响阅读，请与承印厂联系调换　　电话：0571-85155604

序言

云时代,做"自成长"的教师

张国宏

与刘波老师结识,缘于稿件的来往,思想的碰撞。2006年至今,他为《德育报》撰写了不少有分量的好文章,我很感谢他。近几年,我每年都来宁波与老师们交流学习,每次都会见到刘波老师,彼此自然就熟悉了许多。最近,看到他第三本专著《教师成长力修炼》的书稿,才发现他好深刻、好勤奋,不禁感慨后生可畏。

教师如何成长,没有标准答案,只有参考答案。比如,2014年获得我国首届国家级基础教育教学成果评选特等奖的李吉林老师,她把自己成功的教育历程总结为"思、学、行、著"四字"真经",也就是我们常说的反思、学习、实践、写作。很多优秀的教师在谈及自身成长经历时,往往也提到这四点。可见,对于教师而言,如果能把这四点做好,那么品尝成功佳酿自然也是水到渠成的事。

《教师成长力修炼》是一本关于教师如何成长的专著,也可以说是刘波老师自我成长的说明书。书中对教师成长的动力系统、精神保障、现代手段进行了深刻的论述,对广大青年教师来说,无异于良师益友,具有泛的指导意义。

教师如何看待自己的职业、如何拥有自己的教育思想、如何找准发展的目标、如何远离职业倦怠等，都属于教师成长的动力系统。只有解决好上述问题，才能欢快地行走在专业化成长的大道上。值得赞许的是，在这本书中，作者对这些话题一一进行了客观理性的阐述。

当云技术走入寻常百姓家之后，我们的学习方式、生活方式正悄悄地发生着变化。站在继承旧知识、创造新知识前沿的老师，必须带头适应这样的变化。书中不难看到，作者在具体教育实践中，运用云技术服务自我成长，并提炼出了有效的行动策略，比如利用微信来促进成长，利用知识管理软件实现移动知识管理等。借助现代技术工具来助推自己的成长，理应成为现代教师的一项重要修炼，应当成为现代教师的共识。

可贵的是，作者站在道德的高度，俯视教师的道德，针对媒体上经常曝光的个别教师的非德育行为甚至是反德育行为，提出"德育的专业化，不仅仅是专门的德育工作者的专业化，而且是全体教师的专业化"的观点，非常精辟，非常深刻，可谓黄钟大音。

本书中提到的很多促进教师成长的方法，具有可操作性，说明教师成长的门槛并不高，关键在教师要有自我成长的意识和持之以恒付诸行动的勇气。

今天的教师，面临着更多挑战。做个教育的有心人，提高自身的学习力，在工作中加快自身成长的步伐，这样，教师的职业生活才会更加有意义，教育的生命才会更加丰满。

2015年4月
（本文作者系《德育报》社社长兼总编）

前言

成长应成为教师的"文化自觉"

《人民教育》2014年第2期曾刊登过一篇《教育的"最后一公里"有多远》的文章,非常发人深省。毫无疑问,教师是落实教育最后一公里的重要力量。在《人民教育》的这篇文章中,作者引用了以敢讲真话著称的纪实作家陈桂棣、春桃夫妇的《南下北上求学记》一书中的对话:"好教师是如此稀缺,碰到好老师是可遇不可求的事!"能不能让学生碰到好老师成为大概率事件,这需要我们每一位教师的努力。

教师的专业成长是成为一名"好老师"题中应有之义。那么教师应该如何提高自己的成长力呢?《教育时报》社开展的河南省最具成长力教师评选可以给我们一定的启发。

从评选出来的最具成长力教师的成长途径来看,他们也没什么特殊的独门秘笈,"阅读""专业写作""教科研""磨课""职业规划"等这些看起来为大家所熟悉的词汇,构成了这些教师的成长密码。这些也就是每一位教师都可以加强修炼的地方。

最具成长力教师,是教师专业发展过程中的一种标杆,具有示范作用。当然，教师并不一定要追求最具成长力教师的名号，但是提高自己的成长力，把成长作为一种生活方式，应该成为每一位教师的自觉行为。

近年来，我负责学校的教师培训工作，对教师成长这一自己工作范畴内的话题非常感兴趣，也观察着本校教师的发展情况，留意着发展较快的那些教师的平时表现。我也比较关注《中小学教师培训》和《师资建设》等教师培训类刊物，让自己对这一领域的最新进展有清楚的认识。近几年，我参加过浙江省教师专业发展培训高端论坛和宁波市教师培训管理者能力提升培训班，对新时期的教师培训有了更理性的认识。

教师的成长需要教育行政部门、学校创造良好的条件，也需要教师自己强烈的成长意识。不过，教师成长最重要的是自我的力量，因为我们永远无法叫醒一个装睡的人，除非他自己想醒来。

现在各级教育行政部门和学校都在大力推进各类名师工程，尽管对名师能否被打造出来这一问题存在很大的争议，但我们不妨用积极的心态来看待它，若有机会获得官方授予的名师头衔也不错，毕竟这对体制内的教师而言，是提升自己影响力的途径。不过名师的头衔有限，大多数教师并没有机会获得。但是，我们还是可以走不断成长的道路。

"成长比成功更重要"同样适用于教师。可能会有人妨碍你的成功，却没人能阻止你的成长。"你唯一有把握的就是成长"，著名节目主持人杨澜这句经典的话很值得我们教师好好品味。对于每一位教师而言，只要你选择成长，就能走在成长的路上。

把成长作为自己的"文化自觉"，不能坐而论道，需要教师积极行动起来！愿你我同行，共享成长之乐！

刘　波

2015年3月

目 录

序言：云时代，做"自成长"的教师 …………… 张国宏 001
前言：成长应成为教师的"文化自觉" ………………… 001

一、走上专业成长之路

找准自身的教育人生"线路图" ………………………… 002
如何成为有教育思想的教师 …………………………… 006
提升自身的现场学习力 ………………………………… 009
教师成长的三个努力方向 ……………………………… 013
教师如何远离职业倦怠 ………………………………… 016
教师发展需要厘清的三个问题 ………………………… 021
教师如何过好职称评审关 ……………………………… 026
教师如何提升自身的职业素养 ………………………… 030

二、善借多方之力促进教学

让学生喜欢自己的学科 ………………………………… 036
教师要善用心理学来改进教学 ………………………… 039
教师如何提高课堂管理的艺术 ………………………… 042
教师如何应对慕课的挑战 ……………………………… 045
充分利用校本大课堂 …………………………………… 049
提高作业的含金量 ……………………………………… 053

提高自身课堂的趣味性 …………………………………… 057
帮助学生成为学习的主人 ………………………………… 060

三、做有"技术含量"的德育

正确认识教师德育专业化 ………………………………… 064
让德育促进教学 …………………………………………… 068
提升教师自身的德育能力 ………………………………… 072
让"自己人效应"助建和谐师生关系 …………………… 076
做好德育常规工作 ………………………………………… 080
让主题班会课更有魅力 …………………………………… 083
正确建立与家长的和谐关系 ……………………………… 087
让德育更具文化味 ………………………………………… 090

四、让自己更有"研究味"

教师应增强研究意识 ……………………………………… 096
教师的研究如何远离"变味" …………………………… 100
如何寻找自己的"研究点" ……………………………… 103
在研究中学会研究 ………………………………………… 107
提高研究的技术含量 ……………………………………… 110
成为有"研究味"的教师 ………………………………… 114

在小课题中做出"大学问" …………………………………… 118
　　在研究中提升职业幸福感 …………………………………… 121

五、教育阅读也是一门学问

　　浅阅读时代教师如何培养阅读习惯 ………………………… 126
　　教师在阅读上如何"补课" ………………………………… 130
　　让读书成为最便捷的拜师方式 ……………………………… 134
　　用好教育报刊的策略 ………………………………………… 137
　　教师如何阅读经典 …………………………………………… 141
　　为自己构建一间书房 ………………………………………… 144
　　移动阅读的几个妙招 ………………………………………… 147
　　教师有效阅读的"三大攻略" ……………………………… 151

六、教育写作的是是非非

　　教育写作的四个"关键要素" ……………………………… 156
　　教师写作应远离"学术不端" ……………………………… 162
　　让写作与反思同行 …………………………………………… 166
　　写文章要做些基本功 ………………………………………… 169
　　通过写作提升教师的专业影响力 …………………………… 172
　　把写作和工作变为"一张皮" ……………………………… 176

教师教育写作要走出"三大陷阱" …………………… 179
跳出写作看教师写作 ………………………………… 183

七、知识管理走进"云时代"

教师成长不可忽视知识管理 ………………………… 188
用好知识管理的"两大利器" ………………………… 191
善用相关报刊的电子版 ……………………………… 195
巧用"两微"助成长 …………………………………… 198
参与互动社区要取利除弊 …………………………… 202
学会及时盘点知识 …………………………………… 205
利用期刊网开展延伸阅读 …………………………… 208
让"云"成为教师成长的隐形翅膀 …………………… 211

后记：继续行走在成长的路上 ……………………… 214

1
走上专业成长之路

"教师专业成长"对我们每一位教师来说都不陌生,问题是这是写在纸上的一个词语还是自身的自觉追求。

我们每一位老师都应该有一种在路上的心态,来对待自身的专业成长。因为,我们从事的是一项需要终身修炼的职业。

走持续的专业成长之路,这应该成为有追求的教师的职业生活方式。这样,我们就一直会有一种再出发的追求,超越日常教育教学工作的琐碎和繁杂,增强自身的使命感,让自己在前行的路上看到更多新风景,追求职业生涯的新突破。

有了主动成长的心向,并坚持一路前行,我们就会听到生命拔节的声音。

找准自身的教育人生"线路图"

2014年9月,教育部出台高考改革方案,上海、浙江两地成为高考改革的试点地区。在浙江省出台高考改革方案后,加强对学生的职业生涯规划教育成为当下高中教育教学工作中的重要一环。同时,也有不少专家提出职业生涯规划教育要提前到初中。在这个背景下,教师如何做好自身的职业生涯规划,就显得更有意义。

一、正视教师职业生涯规划的意义

近年来,我国高校开始重视对学生的职业生涯规划教育,以提高高校毕业生就业竞争力。其实,教师同样需要规划好自己的教育人生。大学生的职业生涯规划教育属于职前规划,而教师的职业规划则是立足于岗位基础之上,更具针对性和现实性。通过制定职业生涯规划,教师可以更加清楚自己的职业生涯目标,激发自己的专业发展动力,改进工作的方法和策略,提高自身的专业发展水平。

现在,有些地方的教育行政部门在教师专业发展培训中,明确要求教师要制订个人专业发展规划,并纳入到学校的相关考核中。前不久,笔者审核本校见习期教师考核表时,发现每人都有一份五年专业发展规划。不过,在现实中,不少教师的职业发展规划处于"被订制"状态。很多负责教师培训的教师都有这样的感觉,不少老师上交的发展规划有明显的"拿来"痕迹，是应付性质的，不是真正意义上的"私人订制"。而上级相关部门对学校的考核也只是检查教师有没有制订发展规划，只要有就行。这样，本来是一项有利于促进教师专业发展的好做法就被形式化了。

《中国教育学刊》2014年第7期刊发的《中小学教师职业生涯与专业发展调查研究》一文中，作者通过对我国中小学教师职业生涯发展规划与专业发展现状的调查研究发现，绝大多数中小学教师认同职业发展规划，希望获得专业发展。但是，在教师职业发展规划上，教师目前的认知和行动并不一致，教师的积极愿望和实际行动之间存在着相当大的差距。相关统计数据显示，没有作过职业规划的教师占20.3%；学校要求过，应付一下的占16.2%；自己想过，没写下来也没执行的占50.7%；主动规划，经常对照的占12.8%。可见，目前对自己的职业生涯全心规划、自觉对照的教师比例非常低。因此，唤醒自身的职业生涯规划意识，并真正付诸行动，这是教师促进自身的可持续发展所必须关注的。

二、认准教师成长的关键节点

正如国家有教育发展规划，学校有学校的发展规划，教师个人自然也应该有发展规划。目前，教师所制订的专业发展规划，一般都是五年之内的，这与相关部门对教师培训以五年为一个周期是一致的。当然，五年是对教师一个阶段的总体规划，一般都会细化到学年或者学期。不过，教师最好要有终点思考的意识，对自己究竟想成为什么样的老师有一个大致的预期。比如自己到四十岁的时候会有一个什么样的状态，为了实现这样的目标，从现在开始可以做些什么准备。对自己的终极目标有了一个整体认知后，在制订专业发展目标时自然胸中有丘壑了。

教师在制订专业发展规划时，要根据学校的发展情况和自身的实际，在对自我的发展现状、优势和劣势进行分析后，提出针对性的目标和努力方向。教师制订专业发展规划,不能为了制订规划而制订规划,而是要把它作为自己的行动指南。对于发展规划,实施过程中可根据实际情况进行必要的调整。

教师应该对教师专业发展的特点有所认识,并对职业生涯的各个阶段有所了解,每个阶段都有对自己的要求。从教师专业发展的阶梯来看,教师在各个阶段都有不同的发展特点,了解各个阶段的特点,可以让自己更有方向感,更有目标感。比如教师有新手教师、胜任教师、熟练教师、专家教师等发展阶段,在教师工作5~6年之后,会有一个转折期。一般来说,教师在这个阶段进入了熟练教师的行列。这一阶段的教师处于教师专业发展的中间阶段,也处于教师专业发展的关键阶段。这一时期,教师会面临一个专业发展的高原期。如果教师很好地跨越了高原期,就能在业务上不断精进,最终成长为专家型教师。而有的教师随着生活各方面的稳定,会满足于胜任教学工作,往往就会停滞不前,整个职业生涯就停留于这个阶段的水平了。

对于教师的职业生涯规划而言,最重要的是如何从熟练教师向更高境界发展。如果教师成功地从熟练教师的安逸中走出来,在专业上进一步发展,则能拥有更加美好的职业人生。

因此,认真制订自身的职业规划,能让处于不同发展阶段的教师更客观理性地认识到自己应该努力的方向。

三、提高职业生涯规划实效的举措

教师的五年专业发展规划书相当于教师对个人发展的一个顶层设计,规定了自己这五年的发展方向。年度规划则是落实顶层设计的具体内容,是顶层设计的具体化。教师经常对照自己的发展规划书,看看自己有没有按照自己的既定路线在前进,这是一种自我督查。明确职业生涯规划,可以让教师从教育人生的高度来看待自己的职业生涯,可以让教师在不同的阶段都有各自的追求。

比如教师明确自己在学习、教学、德育等方面的成长目标，以及所采取的具体措施，通过对照自己的专业发展规划，检视自己在专业发展路上的行进步伐，就能让自己更有方向感。心中有目标的教师，自然会在目标的指引下加快成长的步伐。

教师制订职业生涯发展规划，就是在勾勒自己教育人生的蓝图，做到仰望星空和脚踏实地的结合。

2014年高考结束后，一组针对高考填报志愿"现身说法"的图片在网络广泛流传，随之"千万别报体"在网上走红。这一事件折射了当前中学生职业规划教育的缺失。中学生职业规划教育缺失的现实，随着"千万别报体"的流行，引发了社会各界的广泛关注。从这个意义上来说，善于规划自己职业生涯的教师，可以更好地对学生开展职业生涯教育，帮助学生更好地走好人生之路。

一个有心成长的教师，要找准自己职业生涯的导航图，让自己沿着正确的航向前进，这样才能进一步增强自己的抗"击打"能力，更好地行进在专业成长的康庄大道上。

如何成为有教育思想的教师

全国著名特级教师高万祥说,一个人的全部尊严在于思想。对于教师而言,赢得自身的职业尊严,其教育思想应该是一个重要的考量指标。但是在现实中,很少有教师敢宣称自己是一个有教育思想的人。那么,如何才能成为一个有教育思想的教师呢?这是一个很值得我们思考的话题。

一、教育思想为何无缘普通教师

近年来,笔者所在的学校先后为即将退休的教师召开了以教师个人名字命名的教育思想研讨会。学校中层以上干部和该教师所在教研组全体成员、学校青年教师代表参加,学校根据需要邀请校外的同行参加。可以说,这样的教育思想研讨会,在学校是非常隆重的。对于学校而言,通过这样的形式把老教师的优秀教育思想固化下来,成为学校的宝贵思想财富。

这些教师中既有非常普通的教师,也有特级教师。那么,普通教师是否有自己的教育思想?这个话题曾有一定的争议。比如第一次教育思想研讨会的主角孙明达老师是一个再也普通不过的老教师,既不担任行政职务,也没有名优教师之类的头衔,只是一个资深的中学高级教师。但是他教学认真,水平很高,很受学生和家长的好评。

在很多人的印象中，仿佛只有教育名家才有自己的教育思想，比如说像魏书生、冯洪恩这样的大家，一般的教师充其量也就是积累了一些教育教学经验而已。当时，笔者觉得为退休教师举行以个人名字命名的教育思想研讨会比较有新意，比一般的退休欢送会有意思多了。笔者与当地媒体教育线的记者联系时，该记者首先问的一个问题是该教师是特级教师吗？其潜台词就是最起码是特级教师才配谈思想。

二、教育思想是否真的高不可攀

因为有争议，笔者就把这个问题作为一个现实的小课题来研究，查询了很多资料，来求索普通教师有没有自己的教育思想。在研究的基础上，笔者先后在《教育信息报》上发表了《普通教师为什么不能有教育思想》，在《教书育人·教师新概念》上发表了《点燃思想火花，不做"跛的"教师——对普通教师是否有教育思想的追问和思考》，对这一问题有了更深刻的认识。

此后，笔者所在的学校又为三位即将退休的教师召开了以他们的名字命名的教育思想研讨会。这样的做法，就是倡导教师要形成自己的教育思想，引导中老年教师加强学习，更好地总结提炼自己的教育教学经验。其实，教师工作一辈子，形成自己的教育思想也并非难于上青天，关键在于自己有没有梳理和提炼的意识。

事实上，教育思想并不神秘。很多教师在写文章时，经常引用苏霍姆林斯基的名言。苏霍姆林斯基有一句非常经典的话："校长的领导，首先是教育思想的领导，然后才是行政的领导。"可见，一个合格的校长，必须在教育思想上能领导教师。校长也是从教师中产生的，假设教师没有教育思想，那么是不是经过校长上岗资格培训后就有了教育思想呢？如果是这样，说明教育思想的形成也不难呀。可见，我们没有必要把教育思想看得太高。

三、教师如何真正拥有教育思想

当然，形成先进的教育思想也并不容易。要改变一个人的观念是很不容易的，如果自身没有主动更新的意识，旧的观念就会顽固地存在下去。中国教育学会名誉会长顾明远教授曾多次指出，现在很多教育人的观念是滞后于教育发展的需求的。因此，要形成先进的教育思想，教师需要付出很多的努力。

教师的教育思想从哪里来？从自己的实践中来，从学习中来，从学习和实践的有机结合中来。做一个有先进教育思想的教师，应该成为一个有追求的教师的努力方向。

《人民教育》2015年第3期刊登了"教学主张"专辑，对教学主张在教师成长中的积极意义作了全方位的阐述。福建师范大学余文森教授认为，教学主张是教师的教学思想、教学信念。其实，教师可以有教学思想，同样可以有教育思想，只不过教育思想的内涵更丰富些。教师的思想来自于思考，优秀教师在教育教学实践中都会自觉不自觉地对相关问题进行思考，并在此基础上产生或形成对教育教学问题的一些看法和观点。毫无疑问，这些思考中不乏有价值的见解，但总体而言，是不够系统、不够清晰的。只有经过理性加工和自我孵化，教师的教育思考才能上升到教育思想。

教育思想是教师对教育问题的系统的、深刻的、清晰的思考和见解，它具有稳定性和统领性。从这个意义上来说，教师拥有教育思想对自身的成长非常重要，是教师走向卓越的重要环节，需要教师在日常的学习和实践中不断修炼。当然，有一点必须要引起注意，那就是真正内化的教育思想才真正有意义，否则只是写在纸上的思想、嘴上说的思想，而不是真正属于自己的教育思想。如果学校能在这方面作出必要的引领，会对教师形成自己的教育思想起到推动作用。

提升自身的现场学习力

"现场学习力"的概念是由华东师范大学李政涛教授提出的,引起教育界的关注。2014年6月,笔者参加宁波市教师培训管理者专业能力提升班培训的时候,上课的老师也专门引入这个概念。在现实中,不少教师还缺乏现场学习意识,错过了很多成长的机会,这是很值得追求进步的教师思考的。

一、讲得精彩缘何不受教师待见

《浙江教育报》曾刊发过一篇《己所不欲勿施于生》的文章,给笔者留下了深刻的印象。在这篇文章中,作者讲述了一次他在某学校为教师作讲座时的尴尬。讲座开始没多久,他就感觉台下有"私语",后来上升到"喧哗"。起初,作者以为是自己讲的内容太乏味,或者是某句话表达不妥。于是,他一边反躬自省,一边注入贴近性、时代性、趣味性等诸多因素,但是听众丝毫不买账,依然如故。更不幸的是,场下的"喧哗"升格成了"鼎沸"。事后讲座主持人告诉他,让他不要介意,教师不认真听并不是因为他讲得不好,而是他们一直都这样。

作者所描述的场景,在各类培训和讲座现场经常上演,绝非孤例,只是程度有所不同而已。后来,当笔者重读这篇文章的时候,突然想到,这一现象的产生源于教师"现场学习"意识的缺乏。

李政涛教授认为，中小学教师不可能像大学生、研究生或者高校教师一样，可以坐拥书城、在书斋和图书馆里学习，他们大部分的时间置身于教育教学现场，包括自己的课堂、同事的课堂、教研组和备课组的活动、各类培训和讲座，尤其是前三个现场，是我们每个教师最直接的现场。教育教学现场能否同时成为教师自己的学习场所，并做到"学在现场，用到现场"，这是非常重要的。

二、教师亟须唤醒现场学习意识

李政涛教授的"现场学习力"这一概念的提出，让我们对教师的学习有了新的思考。教师的学习和工作是可以交融在一起的，用学习的心态对待工作，教师就可以在工作中感受学习的快乐。自己的课堂、同伴的课堂、办公室讨论、教研活动等，都是教师在日常的教育教学工作中所面临的现场。那么，在这样的现场中，教师有学习提升自己的意识吗？

尽管教师日常教育教学工作繁忙，拿不出大块的时间来学习，但如果把教育教学现场当作自己的成长现场，不就时刻存在于一个"学习场"中了吗？"现场学习"应该是符合教师职业特点的学习方式，我们常说"教学相长"，正是对此的最佳诠释。

《人民教育》和《中小学管理》是基础教育界非常有影响力的两本刊物，2012年下半年和2013年上半年分别对"教师现场学习力"进行了重点关注。《人民教育》2012年第21期以"现场学习力：教师最重要的学习能力"为题刊发了李政涛教授的文章。此后几期的《人民教育》对"如何在讲座中现场学习"和"如何在教研活动中成长"等具体的现场学习进行了系统的阐述。《中小学管理》2013年第3期从学校层面对如何提升教师学习力做了一个专题，并从校长"现场学习领导力"层面进行了探讨。

目前，很多教师还缺乏足够的"现场学习"意识，没有充分利用现场来促进自己的成长。比如,用应付的心态去对待学校提出的听课要求,抄抄听课笔记交差了事;把参加教研组的活动作为闲聊的场合,缺乏对自己课堂的研究。教师们一方面抱怨没有时间学习提高,另一方面却浪费了大量的现场学习机会。

现在,教育行政部门高度重视教师的专业发展,出台相关的政策加强对教师的培训。毫无疑问,教育行政部门的初衷是非常好的,但是好的愿望并不一定会有好的结果。如果教师在参加培训的时候,出工不出力,那么培训的效果自然要大打折扣。

唤醒自身的"现场学习"意识,把"现场学习"作为自己的生活方式,并提升自身的"现场学习力",不断促进自己的专业发展,做一名淡定、优雅、智慧的教师,这应该成为新时期教师的自觉追求和努力方向。

教师有了现场学习意识,就能更加深刻认识到日常教育教学工作的价值,能充分利用学校这个"学习场"来促进自己的成长。

三、如何提升教师的现场学习力

笔者觉得教师培养现场学习意识,提高现场学习能力,可以在以下几方面进行努力。

一是切实提高自身课堂的"研究含量"。课堂教学是教师工作的主旋律,提高课堂教学艺术,提高课堂教学效率,应该是教师的不懈追求。在现实中,很多教师对公开课很重视,而对于平日的常态课缺乏应有的关注。如果教师能用研究的态度来对待自己的课堂,把备课、上课、评价等都纳入自己研究的视野,自然就会更加关注自身的课堂教学行为,更加注意研究学生,并在研究中提升自己的执教能力。提高自身课堂的"研究含量",可以让教师更好地置身于这一学习"根据地",让课堂教学不再有日复一日的重复感和疲倦感,而是能时刻感受新的东西,成为终身学习、终身成长的"主阵地"。

二是充分挖掘日常现场的"学习资源"。从教师的知识结构而言，教师不仅需要本体性知识和通识性知识，更需要实践性知识。对于教师而言，实践性知识同样具有专业性，也是教师成长所必需的。学习实践性知识最有效的方式是在学校的各类现场中学。多听同事的课，积极参与备课组的集体备课活动，积极参加教研组的教研活动，都是教师学习实践性知识的途径。在这一点上，教师完全可以利用学校的各类现场资源，跳出学科进行跨学科听课。除了听取本教研组同事的公开课外，全校的公开课或者学校承担的区域教研活动也要积极参与，主动为自己赢得学习的机会。

三是善于吸收培训和讲座的"精华元素"。参加培训和讲座是教师成长提高的常见形式，比如教师外出听专家报告，或者学校把专家请到学校给教师做报告。教师的成长，是需要专家的有效引领的。可惜的是，不少教师却没有把听专家报告作为促进自身成长的有效方式。

几年前，笔者曾特意赴江西南昌参加一次高规格的专家报告会，专家中有张文质、刘铁芳等知名教育学者。知名教育学者云集，这真的是一次极佳的学习机会。但是笔者惊奇地发现，不少与会者并没有珍惜这样难得的机会，而是溜出会场去逛街了。那次报告会，张文质的"生命在场"的观点深深地影响了笔者，让笔者对生命化教育有了更深刻的理解和感悟。

教师成长的三个努力方向

今天的教师面临着越来越多的挑战,只有坚持终身修炼,才能更好地做一名符合时代要求的教师。

教师成长之路怎么走?笔者觉得以下三个方面是教师成长的努力方向。

一、成为名副其实的文化人

今天的教师还能称得上是一个文化人吗?这真的是一个问题。重庆的《今日教育》杂志2013年第9期的卷首语,把"重塑作为文化人的教师"作为第29个教师节的献辞,是非常有意义的。这篇文章提到,重塑教师的文化人形象,或能改变社会对教师的刻板印象,走出专业成长的困境,享受师者独有的幸福。我国著名特级教师于永正在最新出版的《做一个学生喜欢的教师——我的为师之道》一书中指出,做教师的应该有文化,应该成为"文化人"。他认为,一个教师能否在学校、在学生中站住脚,能否在教育教学中取得好成绩,成为学生喜欢的老师,最终取决于他的文化。于永正老师这位小学语文界的教坛常青树,对教师应该成为"文化人"的感悟,是他的肺腑之言。

教师应该成为文化的传播者,而不仅仅是知识的传授者。日本的斋藤孝教授在《教育力》一书中认为,学校的课程就是一种文化遗产,"传承文化遗产的能力"是教师的一项重要的教育力。

现在,传统文化越来越受到重视。2014年3月,教育部专门印发了《完善中华优秀传统文化教育指导纲要》。在这样的背景下,学校需要承担加强对学生传统文化教育的重任。而当下教师中真正懂得传统文化的人并不多,很多教师需要补上传统文化这一课。《光明日报》也以"中小学缺少教传统文化的人"为题进行过报道。其实,教师对古今中外的文化都应该有所涉猎,这样才能对整个人类文明有更好的认识,站在更高的高度来做优秀文化的传递者。

自己离文化人有多远?这个问题值得每一位教师思考。

二、成为儿童研究的践行者

现在,很多教师有"学生越来越难教"的感慨。这个"难",不是体现在学科教学上。现在教师的整体知识水平是在提升,在一些地方,硕士当小学教师也不是新闻了。这个"难",就难在如何管理好学生,如何激发学生的学习积极性,如何让学生拥有积极向上的一面等方面,这些其实都是属于德育工作的范畴。

尽管目前对教师的考核主要是教学业绩,但是做好德育工作,往往能促进教学工作。如果教师的德育工作不到位,也往往会影响到教学工作。提高教师的德育水平,可以实现"德育为先"和"教学第一"的双赢。

《人民教育》2014年第1期刊发了《不要把感恩教育变成"道德秀"》一文,对当前学校德育中盛行的"洗脚秀""喂饭秀"等行为进行了批评。2015年,《教师博览》《人民教育》也刊发了相关的批评文章。这些"道德秀"的出现,也充分说明当前学校德育的专业化水平不高。

党的十八大明确提出"立德树人"是教育的根本任务,这对学校的德育工作和教师的德育能力提出了更高的要求。"育人为本"要从研究学生做起,每位教师要成为真正的儿童研究者。成尚荣老先生认为儿童研究,应该成为教师的新基本功,应该成为教师的第一职业。这是很值得我们每一位教师思考的。

三、成为课程的开发建设者

《中国教育报》2014年3月改版,把"教师周刊"改为"课程周刊"。这是一种引领,就是要唤醒教师的课程意识。

教师应把教学作为自己的天职,用心经营自己的课堂教学,并积极开发课程资源,成为学科建设者和课程领导者。尽管第八次课程改革已经进行了十多年,在我国学校的语境中,很少有教师从课程的高度来看待学科教学。

在香港,教师要成为课程领导者几乎就是一种常识了。华东师范大学出版社2013年11月出版的香港教育工作者黄笑冰的《从新手教师到课程领导者》一书,被《中国教育报》评为"2013年教师喜爱的100本书"之一。在这本书中提到的"课程领导者",并不仅仅是我们通常说的校长或者分管教学的副校长,他们的课程领导者有各个层面,类似于内地学校的备课组长也可以是课程领导者。可见,提高课程的领导能力应该成为教师的一种追求。

因此,教师不仅仅要立足教学,更要有课程的意识,努力提高课程的领导水平。从这一点来说,我们教师还需进一步更新教育观念,提高课程资源的开发意识和能力,具有承担选修课程或者开发校本课程的能力。

正如吴非老师所言,进德修业是教师一辈子的事情。以上三个方面,应该成为一个心中有梦的教师的终身修为。

教师如何远离职业倦怠

现在,教师的职业倦怠现象越来越受到关注。从教师的助人的职业性质来说,教师是最容易出现职业倦怠的群体之一。如何让自己远离职业倦怠,更好享受职业幸福,这是每一位追求成长的教师都应该关注和思考的。

一、加强职业认同

现在的家长对优质教育的需求越来越大,他们呼唤能有更多的好老师。那么,如何让自己成为好老师,值得每位教师思考。

要成为好老师,首先必须从加强职业认同做起。作为教师,要对自己所从事的职业的意义有深刻而清醒的认识,对自己的职业所面临的压力有相应的心理准备,并不断提高自己的专业水平。如果教师缺乏职业认同,就会缺乏职业的敬畏感,缺乏应对相应压力的心理准备,容易产生职业倦怠,进而可能产生一些师德失范行为。

美国学者帕克·帕尔默的《教学勇气》一书在我国教师中很有影响。书中"好的教学不能降低到技术层面,真正好的教学来自于教师的自身认同与自身完整"的观点被教师们广泛引用。帕克·帕尔默非常反感"身在曹营心在汉"的做法,认为既然当了教师,就要好好当教师。其实,帕克·帕尔默就是在强调教师的职业认同的意义。

朱永新教授认为，职业认同与专业发展是教师成长的两翼，专业发展是职业认同的基础，职业认同是专业发展的动力。这是很值得我们思考的。现实中，我们不难发现，不少教师的职业认同度不高。在很多教育论坛和相关的QQ群中，有些教师对自己的职业有很多抱怨和牢骚，他们视从事教育工作为"苦役"，自然就无法体验职业的幸福。这样，他们自然也成不了真正意义上的好老师。客观地说，在一些地方，教师的待遇还不够高，教师的获得与付出不相匹配，这一问题需要得到政府相关部门的重视。但是，既然从事了教育工作，教师就要有责任和担当意识，因为教师的工作对象是成长中的活生生的人，教师要为他们的成长负责。

2012年12月，笔者参加了浙江省教师培训管理发展论坛，在这个论坛上，某知名中学的校长在发言时特别提到，对于现在的教师，在学科素养方面已经不需要特别关注，在教师培训上，要注重加强对他们的师德教育，尤其要着重于教师的职业素养和专业精神的培养。对这位校长的观点，笔者深以为然。其实，这样的观点，就是来自学校管理一线的"教育好声音"。可见，学校管理的实践也证明了这样的事实，加强教师的职业认同应该成为教师专业发展培训的一个重要环节。

教师的职业认同其实也是一种文化自觉，在当前教师面临社会多元选择的背景下，教师的道德自觉尤为重要。作为教师，要对自己的工作有新的审视。教书育人，既是自身辛勤劳动、奉献的过程，也是自我提高、自我完善的过程。教师并不是在一味地付出，在付出的同时也收获着自身的成长。

教师的职业认同，关系到对自己所从事的职业的认同程度、情感依赖和投入程度。教师的职业认同度越高，其幸福感就越强。只有幸福的教师才能培养出幸福的学生。从这个意义上说，教师加强职业认同，不仅关系到自己的专业发展和职业幸福,也是学生幸福的重要前提。

二、提升专业水平

教师除了师德之外,很重要的一点就是师能。换句话说,师能就是教师的专业水平。长期以来,我国所推出的模范教师往往过于关注师德,而相对忽视了师能。事实上,师德固然重要,但仅有师德是远远不够的,师德、师能不能顾此失彼。中小学教师专业标准的出台,就是对教师专业水平建设提出了要求。"教师专业标准"出台前,教育部曾广泛征求意见,不少人表示"标准"的要求过高,如果严格用这个标准来衡量的话,很多教师都是达不到要求的。标准高或不高暂且不论,作为已经在岗的教师,不妨把标准作为一把尺子,看看自己离这些要求有多远,并确立自己的努力方向。

以当前正大力推进的中小学减负为例,教师是落实减负的"最后一公里"的重要力量。在减负上,教师有教师的作为。比如有的教师能做到精讲精练,而有的教师要多讲多练才能达到同样的效果。这样,学生要拿到同样的分数,因为教师专业水平的不同学生的负担也会有所不同。从这个意义上来说,教师真的不能成为减负的看客,而应该成为积极的行动者。尽管学生的负担过重成为一种顽疾有多方面的原因,但是教师也不能忽视自己应该承担的责任。一个精业的教师在这方面会更有作为。

吴非老师曾言,他最怕的是"认真负责,但水平差"的教师,对学生来说,碰到这样的教师无异于灾难。可见,教师自身的专业水平不高真的是不容忽视的大问题。

三、丰富自身生活

教师是谁?这是每一个教师都必须认真思考的问题。"教师"只是教师扮演的职场角色,而不是唯一的角色,教师还应扮演好其他的社会角色,并且能很好地实现各种角色的转换。教师还应该是好子女、好父母、好同事、好丈夫(好妻子)等,并根据所对应的身份,做各自最好的自己。否则的话,教师就不是一个真正意义上完整的人。

教育让教师的生命更精彩,让教师能在教育工作中收获成功,实现自己的人生价值,但这不应该是教师生活的全部。教师应扮演好各种角色,回归社会,做一个让人放心的人,让学校放心,让家长学生放心,让自己的家人放心,如此自身也能更好地享受生活之乐。一个能让人放心的人是值得信赖的,这样的教师自然是好教师。

虽然说爱和责任是一个教师必须具备的。但是,有一点教师必须明白,学校不是无限责任公司,教师承担的不是无限责任。所以,教师应该厘清工作和生活的边界。尽管教师的工作性质往往很难区分边界,"教师工作是个良心活"就是对教师工作无法完全量化的最朴素的表述。但是,教师也要学会放下,不要把所有的问题都自己扛。这并不是推卸责任,而是合理区分边界。因为有些事情,并不是靠一己之力所能做好的,所以就没有必要过于自我加压,把自己放在火上烤。

在教育之外,教师应培养一些自己的兴趣爱好,通过各种渠道结识一些朋友,拓宽自己的交际圈。这样,教师就能跳出教育的局限,让自己认识到还有很多美好的东西值得关注。教师除了职业生活外,还应该有自己的生活,以更好地调节自己的状态,为做好职业人注入正能量。教师有了这样的情怀和追求,就会变得更加豁达,即便评不上先进,也不会觉得自己很失败;即便自己的学生没考好,也能理性地分析原因,然后再出发。否则的话,教师把所有的心血都倾注在工作上,一旦遭遇挫折,便会有全盘崩溃的感觉。

在现实中,教师教育自己孩子"灯下黑"的现象,曾引起媒体的关注,这同样是值得教师自身深刻思考的。比如,有些优秀的教师教出了很多优秀的学生,但是面对自己的孩子却显得束手无策,甚至是自己的孩子变成了"熊孩子"。其实,好教师同样可以成为好父母,也应该成为好父母。如果教师把自己的孩子当作一生中最重要的学生来教,那么教师没有理由教不好自己的孩子。

按照张文质老师的说法,孩子是父母最重要的事业。的确,一个人事业再成功,如果自己的孩子出了严重的问题,对自身的打击是巨大的。如果一个老师把自己的孩子教得很好,自然就会有一种成就感,同时也能在家长面前树立更大的威望,从而获得家长更多的支持,赢得学生更多的钦佩。有了更好的成就感的教师,自然也能更好地享受教师职业的快乐。

怀着教育梦想上路,同时又不以教育为唯一重心的教师,必然能在教育的大道上走得更远。

教师发展需要厘清的三个问题

有些教师在追求自身成长的过程中，会有一些认识上的误区，会碰到一些现实的困惑。笔者认为，教师要实现成长，必须要厘清以下三个问题。

一、从"敬业"走向"精业"

2013年11月，盖洛普公司公布其对2011~2012年全球雇员对工作投入程度的调查，结论是中国员工最不敬业，全球员工的敬业比例为13%，而中国远远低于世界水平，敬业员工只有6%（中国网2013年11月9日）。如果我们读到这条新闻很愤怒，不妨把此作为鞭策自己更加敬业的动力，用自己的实际行动来推翻这项调查的结果。

教师的辛苦是众所周知的，那么教师能称得上真正的敬业吗？这的确是一个很值得教师思考的现实问题。而且，对于教师而言，仅仅做到敬业还不够。其实，敬业爱岗是各行各业人员的底线要求，并没有任何崇高和悲壮感可言。不过在现实中，很多人还真的把敬业这一基本要求作为美德了。如果我们把敬业当崇高的话，也从另一个侧面证明了敬业的缺失。

在很多对教师的评价中，敬业后面往往还要加上奉献。奉献自然是比敬业崇高了不少。"教育是事业，其意义在于奉献。教育是科学，其价值在于求真。教育是艺术，其生命在于创新。"我国著名教育家吕型伟的这三句话，相信很多教师都是很熟悉的。从教师的职业性质而言，的确是需要有奉献精神的。不过，奉献是教师的自觉自愿的行为，不能作为必须要履行的底线要求。如果一所学校的教师普遍具有奉献精神，那说明这所学校已经形成了这样的文化。

教师具有奉献精神是崇高的，但对于教师而言，更应该提供一种智慧型的服务。比如一位教师不计酬劳，老是在学生的自习课上去给学生集体上课，并经常在日常的课堂教学中拖堂。这位教师为学生付出了很多，他自己也从不抱怨。客观地说，我们说这位教师很有奉献精神的确不为过。那么，学生是否真的喜欢这位教师的做法呢？这位教师的做法是不是值得提倡呢？如果很多教师都这样的话，那么对学生来说无异于一场灾难。其实，教师应该思考，如何在规定的时间内把工作做完，而不是靠加班加点去弥补。否则，不仅老师自己打疲劳战，而且把学生也拖下了水。

因此，教师不能满足于敬业，更应该做到精业，这是教师面对教育发展的新形势所必须努力的方向。相比较而言，精业比敬业更不容易，更需要教师用真情和智慧去浇灌。如果更多的教师能达到精业的水准，那么教师群体的职业形象也将更加"高大上"，能赢得更多的职业尊严。

我们教师需要从敬业走向精业。如能在精业的基础上实现乐业、志业，则是更上一层楼了。

二、从"追名"走向"澄明"

当前，各地教育行政部门都在通过"名师工程"大力打造各类名师。就教师队伍建设来说，教育行政部门的大力推动和氛围营造具有积极的意义。当然，对于名师是否能打造出来也存在异议，有人就旗帜鲜明地表示"名师不是打造出来的"。《中国教育报》前几年也就"名师不鸣"的话题进行过专题讨论。对于教师而言，利用外力的助推来促进自身的成长，是顺势而为，当然也离不开自身的努力。

客观地说，一所学校拥有一定数量的名师，让自己学校的教师有影响力，这是学校品牌建设的一个重要内容。对于教师而言，获得官方授予的名师头衔，有利于扩大自己的影响力，本身也不是什么坏事。因此，如有官方授予名师头衔的机会，教师们应该积极争取。这也是教师有追求的表现，没有必要另眼相待。

作为有上进心的教师，特别是对于体制内的教师而言，遵循一定的游戏规则，也是必要的。教师能获得官方授予的各类名师头衔固然好，但不能仅仅以此作为奋斗目标。如果评上了名师就沾沾自喜，评不上就妄自菲薄，就掉进了认识误区。

就本质而言，教师并不因为头上戴了某类名师的光环而身价倍增。从这个意义上来说，名师真的不是评出来的。如果想在更大范围内发挥影响力，最终还得看教师的真本事。民国时期的一些教育大家，并不是因为他们得到某个封号而声名远播，而是靠他们的思想、人格魅力为大家所钦佩，他们的教育思想流传至今，并将一直流传。

有正确的教育理念，有教育情怀，即便没有各种名师头衔，这样的教师也是非常值得人敬佩的，这样的教师其实可以称为"明师"。

教育的发展，固然需要一些领军人物，但更重要的是靠教师群体发展，江苏的王益民老师将之形容为"百灵鸟"和"老母鸡"的关系，这个说法非常形象。名师的数量有限，很多优秀的教师可能无缘名师称号。但是，这并不妨碍教师走向优秀甚至卓越。当我们无缘成为"百灵鸟"的时候，不妨好好做"老母鸡"。

现在，有不少有识之士提倡教师不做名师做明师，这是一个非常给力的呼唤。正如"人人皆可以成尧舜"，作为教师而言，只要用心，人人可以成为明师。从某种程度上来说，成为明师比名师更不易。明师需要终身的坚守和追求，但有些名师并不那么货真价实，他们离明师还有很长的距离，或许一辈子也达不到明师的那种境界。如果越来越多的教师虽然没有拥有"名师"的称号，但能走向澄明之境，向明师靠近，我们的教育自然会更加美好。

名师是一种称号，教师需理性看待，适度追求。明师是一种境界，教师需用心向往，终身修炼。

三、从"等待"走向"自救"

2012年，河北省某县教师赵某因为收入低、压力大而自杀的事件，在全国范围内引发了强烈的反响。教师群体的心理健康问题再一次引发了公众高度的关注。

很多专家学者和教师认为造成教师心理问题的主要原因是职业压力大、社会经济地位不高、学校对教师的管理不够科学等，提出了很多维护和促进教师心理健康的策略。但不可否认的是，在教师心理健康水平的提高中，教师自身素养及其自我努力这一主观因素非常关键。专家们提出的很多改进策略，有的在理论上是可行的，但在实践中，并不一定能迅速落到实处，有的甚至需要很长时间才能见效。对教师而言，这样的等待真的是"伤不起"的，消极等待还不如积极"自救"。

坦率地说，与以往相比，现在的教师面临着更大的压力。有教师感叹，现在的学生与十年前相比大不一样了，学生越来越难教了。的确，学生的成长环境变了，他们的行为方式也变了，教师必须积极主动地去适应现在的学生，不能用自己的老眼光去看待这些学生并发出"一代不如一代"的感叹。而且，家长对教师的要求也高了，甚至会对教师很苛刻，这也对教师形成了无形的压力。可以这么说，学会压力管理需要成为教师的一项基本功。在当下，抗压力已经成为教师的必备能力。有些地方在新教师录用时引入心理测试,也是基于对教师心理素质的高要求。

作为教师,我们呼唤自身的工作环境能更好一些、待遇能更高一些,但这些并不是自己能决定的。对于教师而言,与其抱怨,不如行动,让我们都积极投身到自身心理建设中来,不断开发和积累自身的"心理资本",提高自身的自我效能感,更加积极乐观地看待未来,具有更强的韧性,通过各种途径来实现自己的预期目标,让"心理资本"在服务自身成长的同时,更好地服务学生的健康快乐成长。

教师如何过好职称评审关

2015年2月,《教师博览》微信发了篇《教师十大痛,你有过吗?》的文章,并以此为主题,向教师们征稿。在这篇文章中,"职称评定——教师一生的痛"排在教师十大痛的第一位。可见,职称评审制度对很多教师造成了极大的困扰。

我国的中小学职称制度改革正在进行中。在原先部分地区进行试点的基础上,从2014年起,人力资源与社会保障部全面实施了中小学教师职称制度改革,中小学教师序列中正式有了正高级职称。有评论称,此举打破了中小学教师专业成长的"天花板",让那些原本已经淡定的拥有副高职称的教师有了新的追求。与此同时,中小学职称评审将与事业单位岗位聘用制度有效衔接,不再进行与岗位聘用相脱离的资格评审。这一点,对很多想参与职称评审的教师而言,有很大的影响,有的甚至是"致命"的。

一、教师职称究竟是什么?

前段时间,一篇有关台湾教师不用评职称的文章在网上热传,引发了很多的关注。那么,教师职称评审究竟是给教师带来实惠,还是带来折磨呢?

客观地说,中小学教师有资格评职称,是获得了专业技术人员待遇。

在我国目前的职称体系中,有些专业技术人员的职称只有副高级,比如会计师、农艺师等。现在,国家把正高级纳入中小学教师职称序列,是对教师专业性的进一步认同。

在我国目前的职称制度下,职称是跟收入挂钩的,专业技术人员获得职称之后,将终身有效。对于中小学一线教师而言,职称是最实惠的。作为整个职称体系中的一分子,中小学教师的职称也是终身制,评上了基本上就是一劳永逸。

不过,教师评上某一级职称,只是获得了某一种资质。教师只有被聘用某种职称,这个职称所包含的利益才能真正变现。比如说某位教师有着高级教师的资格,但是没有得到聘用,因此不能享受高级教师的工资待遇。

教师职称评审,曾在"评聘结合"和"评聘分离"之间风水轮流转。所谓评聘分离,就是教师即便评上高一级职称,学校也不一定聘用。在事业单位岗位聘用制度实施之前,原先的中小学校的各类职称也是有一定的结构比例的,比如中学高级职称不得超过多少的比例。如果一所学校的高级职称的岗位没有满,那么评上高级的一般都是聘用的。一旦高级教师的人数超过了学校的岗位数,有些教师即便有高级职称,也无法享受高级待遇。所以,在有些学校,职称和聘用就成了一个现实的矛盾。不少学校采取的是论资排辈的方式,有岗位了,就让先评上的教师聘用。在评聘分离的情况下,教师获得高一级的职称,只是获得了资质,并不享受职称的实惠。不过,对于一些优秀教师而言,评上高一级职称的道路是通畅的,也可以按照自己的规划去获得高一级的职称。

但是,实行评聘结合制,教师就无法左右自己的命运了。如果自己所在学校一旦岗位已满,就无法参加评审,就连获得高一级职称的资格都没有了。一般情况下,上级教育行政部门会进行一定的调剂,但毕竟僧多粥少，解决不了大问题。这样，符合条件的教师会越来越多，想在竞争中胜出也不容易。如果一个教师在中级职称评审上就被拖了后腿，以后就可能一路受阻了。

二、职称与能力并不对等

在不同的学校，你的同学或许早就评上高级职称，而你还在中级原地踏步，有些人因此会逐渐失去前进的勇气。

当然，现在的职称评审承载太多，一定程度上脱离了专业技术职务的本意所在。按理说，作为一种资质，的确应该能者先上，但是一旦和聘用相结合，职称就变得魅力无穷了。

但是，教师的职称和能力并不对等。这一点在相关部门的评审条件中就体现了一定的倾斜性。比如，浙江省教育厅等四个部门发布的《关于推进县（市、区）域内义务教育学校教师校长交流工作的指导意见》中明确指出，在职称评审中，农村学校中、高级教师的通过率原则上不应低于城镇学校。可见，在职称评审的门槛上，教育行政部门就有意识地在倾斜。当然，这对鼓励农村学校教师安心从教，促进城乡教育的均衡发展是有积极作用的，却是与职称这一专业技术任职资格的本意相违背的。

在一些学校里，高级教师在业务上比不上初级教师的情况并不鲜见。按理说，为与评聘结合相衔接，学校应该实施高职低聘或者低职高聘。但在现实中，很少有学校这样做。某校长曾想实施"评聘分离"的尝试，终因反对声音太大而不得不放弃。

说起职称评审，不少教师可能会满腹辛酸。高一级职称，并不是自己有了实力就可以晋升，而是涉及方方面面的因素，看似近在咫尺，却又那么遥不可及。

如何看待职称评审，是每一位教师都应该正视的问题。

三、以平常心看待职称评审

以前很多教师评上中学高级职称后，就觉得是船到码头车到站了，这辈子在专业上就没有什么追求了。很多评上高级职称的教师离退休还有二十多年的时间，如果在专业上不继续发展，真的很可惜。从这个意义上来说，中小学设立正高级职称，可以让那些已评上副高的教师不懈怠。

学校是事业单位系统中的一分子，各级岗位设置是有一定比例的，也就是说高级、中级、初级都有一定的比例，不能突破。

在当下的职称评聘制度下，很多教师在职称评聘上要受很多条件的限制，而有些条件并不是靠自己努力就能实现的。因此，教师要以平常心来看待职称评审。

对于教师而言，在职称评审中顺利过关是对自己能力的肯定。但是对职称也不要过于当回事，尤其是在当下这样的评审机制下。教师并不是为了职称而当教师，没有必要在这上面过多纠结。从某种意义上说，职称评审的要求，是对教师专业发展的一种目标导向，对教师的成长具有一定的指引意义。教师在日常的工作中，不妨对照一下职称评审中对专业发展部分的要求，看自己离相关的要求还有多远。如果有一天，当你发现自己已经完全具备相关的要求的时候，你应该恭喜自己获得了真正的成长，因为这对你来说才是最重要的。

我们需要用平常心来看待职称评审。有机会，要积极争取；没有机会，也不要因此停下成长的步伐。只要自己在不断成长，当机会来临的时候，高一级职称就能成为自身成长的副产品。

教师如何提升自身的职业素养

教师作为职业人,应该具有一定的职业素养,这样能更好地扮演好自身的职业形象。教师应把提升自身的职业素养作为一项必修课,在教育教学工作实践中不断地加强修炼。

一、正确定位自己的职业理想

近年来,《你在为谁工作》《不要只为薪水工作》等书非常畅销。这些书对于调节人们的心态,激发他们的工作热情很有帮助。其实,对于教师而言,"为谁工作"的问题同样值得追问。教师对这个问题认识到位了,就能更安心地工作,并在平凡的工作岗位上成就自己的职业人生。

"忠诚于党的教育事业""为人民群众提供优质的教育服务",这些话我们并不陌生,"为国家""为学校""为学生"而做教师,这都没错。不过为他人做事情,往往会产生应付心态,甚至会产生倦怠心理。其实,每位教师都应该树立这样的观念:教师首先是为自己做教师。

教师职业首先是谋生的工具,是一个饭碗,这是无须回避的。每个人都需要通过工作来安身立命,养家糊口。在这一点上,教师职业和其他职业并没有什么本质的区别。但一旦端上教师这个饭碗,就得遵循这一行的基本规范。今天,教师职业的"铁饭碗"早已被打破,要把教师这个饭碗端稳也不容易。山东知名校长张广利在其《教育是明天》一书中提出"就怕不把教师职业当饭碗",这种来自一线校长的观点很值得我们思考。今后,教师资格的准入门槛将变高,从2015年开始,师范院校的毕业生不再有直接获得教师资格的"特权",教师资格五年一注册的机制也将正式建立,教师资格一朝拥有就终身有效的规定将正式终结。

如果教师能从教育人生的角度来经营自己的教师生涯,就能在平凡的教育教学工作中得到更多的快乐,提升自身的生命品质。做自己喜欢的事,自然能减少牢骚和抱怨。为自己做事,多付出一些也不会有什么怨言。不管教师最初从事教育的动机如何,一旦做了教师,就应该做好自己的事情。为自己做教师,和为学校、为学生、为国家做教师并不矛盾。为自己做教师,让自己在谋生的同时享受职业之乐,这是一种很不错的状态。

今天的教师面临着越来越多的挑战,有很多新知识和新技能需要学习,有很多新问题需要面对和解决。如果教师把这些作为促进自身成长的历练,自然不会有牢骚和抱怨,而会积极地去应对。

为自己做教师,当然也要遵循教师职业道德规范,不逾越底线。为自己做教师做得越好,越能够实现发展自我和服务学校、服务学生、服务家长、服务社会、服务国家的多赢。

无论是把教师视为职业、事业还是志业,我们都应该有为自己做教师的心情。有了这样的心情,我们会在教师职业生涯中走得更远,收获更多。

二、培养自身的核心竞争力

2013年教师节期间,《中国教育报》在教师节评论中把"令人折服的专业能力"放在教师榜样的首位,这无疑释放出一个强烈的信号。我们离拥有"令人折服的专业能力"还有多远呢?见贤思齐,我们在这个方面需要进行怎样的修炼呢?

经常有人对比医生和教师的专业化程度，并得出教师不如医生的结论。的确，在专业化程度上，教师相比医生有很大的差距。比如，医生对病人该用什么药、用多少药量心中是有谱的，不会说药越多吃越有效；而我们有不少教师为获取教学业绩，往往依靠加班加点，多布置作业，靠汗水加泪水来取得。这样的教学业绩的取得是建立在占用学生大量时间基础上的，说得严重些是对学生的一种侵权。北京十一学校校长李希贵就明确地把教师这样的行为视为教育失败。只是很多人都没有意识到这一点，反而把这样的教师视为具有奉献精神的老黄牛，并给予"师德楷模"的美誉。在当下的绝大多数学校里，学生对教师没有选择权，他们心里虽有不满，但也只能以适应教师来自我调节。

医生与教师相比，自身的专业水平显得更加重要，因为病人看重的是医生的专业水平，水平高的医生会有很多回头客。一个医生的服务态度再好，再怎么满脸微笑，如果医术不行，病人是不会买账的。

那么，教师能拥有自己的绝活吗？比如上课很受学生欢迎，学生负担不重，但学习成绩不错；比如班主任工作水平高，能对乱班"拨乱反正"，成为学校领导心目中的"英雄人物"；或者有自己的其他特长，能带课外兴趣小组，带领学生获取各种奖项，为学校争光。事实上，教师一旦有了自己的绝活，自然赢得领导和同事的尊重，自己也能更好地享受工作之乐。

虽然说地球少了谁都转，不过如果一个教师离开一所学校，其他人会觉得少了点什么，这就说明你有了不可替代性。

练就自己的绝活，成为稀缺资源，让自己具有不可替代性，这样的教师自然能更自在，更能赢得尊重，更能实现自己的价值。

三、成为智慧型服务的提供者

2012年9月，以《班主任兵法》系列闻名的新生代优秀班主任万玮出版了《用服务的态度做教师》，书中的观点发人深省。作者认为，激情和智慧是教师至关重要的两项品质，但很难从别人那里学到。只有一点谁都可以做到，那就是踏踏实实、认认真真地秉着一种为他人服务的态度来做教育。他认为，教师的服务对象包括学生、家长、社会和自己。让自己的服务对象感到满意，应该是教师的价值所在。如果教师有了这样的想法，自然就会在提高服务的质量上下功夫。

教师为学生、为家长提供服务，并不是自降身份，不是与服务员等同起来。北京十一学校李希贵校长在《面向个体的教育》一书中提到，教师为学生提供服务，是服务于学生成长的高级的、复杂的服务。可见，教师提供的是一种智慧型服务，是一种有专业含量的服务，是引导学生走上正确人生道路的服务。这样的服务并不是人人可为的，恰恰是教师职业的价值和魅力所在。

随着家长整体受教育程度的提高，他们对教育的认识更加深入，对孩子的教育要求也更加多元化。这些都对教师提出了更高的要求。为提供优质教育服务奠定扎实的基础，应该成为新时期教师提高自身专业水平的出发点。

2
善借多方之力促进教学

教学是教师的天命，课堂是教师的舞台，教室是师生演绎精彩的空间。今天的教师，不应在单打独斗中苦苦求索，而是要善借多方之力让自己的教学更出彩。

我们可以向心理学借智慧，在校本大课堂中加快自己成长的步伐。我们要直面信息技术的发展带来的教学变革，坦然面对"慕课"等新生事物。

教师要为自己的学科代言，切实提高自身课堂的趣味性，帮助学生成为学习的主人。

跳出教学看教学，善借他力促成长。拥有开放的心态，教师能更好地走出一条教学的希望之路。

让学生喜欢自己的学科

对于中小学教师而言,教学其实就是自己的天命。让学生喜欢上自己的课,这是每位教师都应追求的目标,也是教师付出的最直接的回报。在学生面前,教师还是其所教学科的形象代言人。著名特级教师华应龙曾豪情万丈地说:"站在讲台上,我就是数学。"著名特级教师陈日亮干脆以"我即语文"来命名自己的著作。学生因为喜欢某位教师的课,进一步喜欢这门学科,这样的爱屋及乌,自然是更上一层楼了。当学生喜欢上自己学科的时候,教师根本不需要再担心学生的学习成绩。

现实中,尽管有些教师让学生考出了较好的分数,也让学生考上了理想的大学,但是学生却一点都不喜欢这位教师的课,在考试结束后就不再关注这门学科。学生在某一门学科上花了很多时间,却仅仅起到了敲门砖的作用,最后与该学科分道扬镳,这真的是很大的浪费。但我们也听说过不少这样的事例,某些人所从事的专业,是受了学生时代某个自己喜欢的教师的影响。比如有的教师选择任教的学科,就是受中学时代这一学科的教师的影响。可见,教师和他所代言的学科,对学生是具有很大的影响力的。

可以这样说,一个教师最大的成功是学生喜欢他的课;同样,一名教师最大的失败是学生讨厌自己的学科。学生对一门学科的兴趣是从课堂开始的，学生在课堂上有收获，能享受课堂，自然就会喜欢上这门课，并逐步迷恋这门学科。或许，这门学科将因此对学生的成长产生积极的影响。

可见，一些优秀教师秉持的"课比天大"的教学价值观是非常有意义的。教师要努力上好每一堂课。比如教师在上课的时候，注重把学科知识和生活实践结合起来，让学生感受到这门学科对自己本身的意义，激发他们内在的学习热情。

美国名师雷夫坚守的第56号教室，创造了奇迹，第56号教室成为学生最乐意去的地方。在我们当下的中小学环境中，有多少学生是真心喜欢自己的教室呢？北京十一学校李希贵校长曾在多地做过调查，结果显示，教室是学生最不愿意去的地方之一。学生天天待在教室里，而教室又恰恰是他们最不乐意去的地方之一，这真的是非常尴尬的一件事。事实上，教室只是一个空间，是学生上课的场所，如果学生能在上课的时候感到快乐，那么教室就不会让他们感到恐惧，而是成为他们憧憬和向往的地方。

山东的李虹霞老师于2013年8月出版的《创造一间幸福教室》一书，可以带给我们很多的启示。雷夫老师在访华期间也曾造访过这间教室，给予了高度的评价，称之为中国的"第56号教室"。可见，即便是在我国，让教室成为学生向往的地方也并非小概率事件。在我国目前行政班还普遍存在的条件下，幸福教室的打造需要班主任和任课教师们一起去努力。

如果每位教师都能在让学生喜欢自己的学科上下功夫，并在此基础上改变自己的课堂教学生态，让自己的课堂变得更有趣，更有吸引力，那么就会有更多的学生享受课堂。当然，一个学生不可能喜欢上所有的学科，但是每一位教师都应该有让学生喜欢上自己学科的追求，这样，总会有更多的学生喜欢上各自喜欢的学科。教师各尽其力，学生各美其美，皆大欢喜。

在让学生喜欢自己的学科方面，民国教育大家李叔同作出了很好的典范。在当年的浙江一师，李叔同是音乐和图画老师。和今天的中小学校中非考试科目的教师地位相对低下一样，那时图画与音乐老师在学校教职员工中的地位最低。在很多人眼里，这两门学科根本无法同英文、国文和算术相比。但在李叔同任教期间，情况却恰恰相反。当时，学生学习图画、音乐比任何功课都勤奋。究其原因，是因为李叔同不仅在音乐、美术方面有巨大的造诣，而且知识渊博，具有很强的人格魅力。可以这么说，作为教师的李叔同最大的本事是让学生爱上了自己的学科，使学生真正迷恋上在旁人看起来地位不高的学科。当然，一般的教师是无法达到李叔同那样的造诣的，不过，每一位教师都应该有让自己的学科因自己而更有吸引力的追求。

让学生喜欢自己的学科，需要让学生从喜欢自己的课开始。当学生喜欢上自己的课的时候，当他们能享受课堂学习的美好时光的时候，他们就会慢慢喜欢上这一学科。这两者是相辅相成的。当学生期待上你的课，当他们愿意花时间去关注你的学科的时候，学生自然就会投桃报李，用自己在这门学科上的优异成绩来回报教师。这不正是教师所要追求的吗？这样的结果超越了直奔主题抓分数的局限，不为分数而取得分数，让师生双方都得到解放。这其实就是有"含金量"的教学质量，理应为教师所追求。

为自己的学科代言，让学生喜欢自己的学科，应该成为教师的努力方向和自觉追求。

教师要善用心理学来改进教学

如何让心理学在教师的教和学生的学中发挥更大的作用，起到事半功倍的效果，是值得教师们关注的。在以往的师范教育中，教育学和心理学只是公共科目，并没有得到应有的重视。著名特级教师程红兵曾在某次研讨会上直言不讳地说自己读大学时最不喜欢听的课就是教育学和心理学。从知识分类而言，心理学属于条件性知识，可以服务教学，提高教学效率。当前，不能在教育教学工作中有效运用心理学知识，已成为教师的短板和软肋。这也导致不少教师在教学中不能按照规律，甚至是违背规律，造成教学的低效。让教师牵手心理学，已引起有识之士的重视。2014年《班主任之友》暑期合刊，主题就是"班主任与心理学"。

现实中，很多教师往往是凭借自己的经验和对教学的理解来处理各种复杂的教学问题，这样难免会有捉襟见肘的尴尬。著名特级教师薛法根在《做一个大写的教师》一书中指出，现在，心理学与教育学的嫁接，产生了教育心理学、教学心理学、教与学的心理学，凭借这些新兴的科学研究成果，教师才能拥有非教育工作者所没有的方法和技术，才能准确地答疑解难，从而找回失落的专业尊严。这个观点的确很值得我们回味。在公众整体文化程度越来越高的今天，教师在文化知识上已没有多少优越性。教师的专业性恰恰体现在如何教知识、如何培养能力上，这就很有讲究了。从这个意义上来说，教师善用心理学的智慧来服务教育教学工作，就是自身专业水平的最佳体现，也是自己的"看家本领"。

教育心理学、教学心理学等心理学知识，不仅可以让教师知其然，还可以知其所以然，从而进一步指导自身的教育教学工作，更好地按规律办事。就相关的心理学知识来说，其实用价值在于实践利用，光知道相关的知识也只能纸上谈兵。教师有效利用心理学的知识，服务自身的教育教学实践，以提高自身的专业性，这才是教师学习心理学的真正目的。

其实，很多心理效应已经揭示教育教学工作中的一些规律，我们用好这些心理效应，就可以少做无用功，少做低效事。刘儒德教授的《教育中的心理效应》一书中就提到了教育教学中常见的心理效应。比如有些教师总是拖课，认为自己不讲不放心，这样其实是过犹不及。让学生的认知超载是达不到教育的初衷的，可能还会适得其反。其实，心理学上的"超限效应"早就告诉我们拖课是没什么用的，教师何必要做吃力不讨好的事情呢？

又如有些学生"小考挺好的，大考就砸锅"，这在心理学上被称为"詹森效应"。这种效应在体育赛事上时有发生，在学生的考试上也并不鲜见。因此，如何指导好学生的应试心理，就成了教师教学工作中的一个重要环节，这对提高自身的教学实效是有很大的帮助。只有学生考得好，教师的教学质量才能得以体现。对于教师而言，让学生避免出现"詹森效应"，是自觉运用心理学知识服务教学的具体体现。

当然，这样的效应有很多，我们要结合自身的教学实际来巧妙利用，把心理效应作为提高教学效果的秘密武器。

如何让学生爱学习？这是让教师感到头痛的事。其实，在学习心理的研究上，目前已有很多的研究成果可以供教师应用。这些学习心理的研究成果我们在日常也是有所耳闻的，只是没能很好地应用到自身的教学中来。比如有效利用学习动机的相关理论,可以激发学生的学习动机,并且让学生获得可持续的学习动力。激发学生的学习动机,有很多有效的策略,如:如何使用好"胡萝卜+大棒"的奖惩策略,如何利用好教师的期望效应,如何指导学生学会合理归因,如何激发学生的自我效能,如何让学生树立正确的成就动机,等等。这些,都是有相关的研究成果可供教师参考的。可见,心理学就摆在那里,离我们并不遥远,关键在于我们教师是否愿意主动学习,并在自身的教学实践中有效利用。

客观地说,现在的教育心理学、教学心理学的研究与实践,还缺乏必要的桥梁,不少心理学研究者只在学术的小圈子里打转,不愿意做普及工作,这样他们的一些研究成果很难为一线教师直接应用。不过,已经有研究者在这方面进行了积极的探索,为中小学教师送上了可资参考的应用心理学方面的佳作。

比如,号称"不谈屠龙术,只教杀猪法"的《学生管理的心理学智慧》一书出版后深受中小学教师的欢迎;同样,《好懂好用的教育心理学》一书出版后也赢得了读者广泛的好评,并入选中国教育新闻网"2012年影响教师的100本书"的十佳图书。这也说明了此类图书在教师专业成长中的价值所在。类似这样的实用心理学著作,可以帮助教师获得专家视角,更好地认清教育教学中的一些规律,让自己少走弯路,进一步提升自身的专业水准。

教师要重新学习心理学,让心理学帮助自己变得更专业。

教师如何提高课堂管理的艺术

有些教师自身的教学业务能力很强,但是教学效果很差。究其原因,往往是课堂驾驭能力差,管不住学生,造成课堂失序。提高自己的课堂管理艺术,是教师的一项教学基本功。课堂管理本身不是目的,教师加强课堂管理的目的是让教学活动有序进行。有这么一句话,"课堂管理,会者不难",这也说明课堂管理是一个"技术活",需要用心去揣摩和实践。

现代社会,课堂之外各种诱惑实在太多,导致把心全部交付给课堂的学生越来越少,而讨厌课堂的学生越来越多。在这样的背景下,让学生的心在课堂驻留就显得更加困难,给今天的教师带来了很多的麻烦。学生的心一旦不在课堂上,他们在课堂上就会出现更多的不安分行为,给教师的课堂管理带来更大的挑战。教师要让学生的心回到课堂,让他们遵守课堂的规范,除了进一步提高课堂教学的吸引力外,就得提高课堂管理的能力。客观地说,教师的课堂管理也是一门艺术,需要教师在长期的教学实践中去修炼。不过,以下三点是教师提高课堂管理水平必须要关注的。

一、明确课堂管理的目的

有些教师认为,课堂管理就是维持好课堂纪律,避免或者消除影响班级有序学习的事件发生。其实,做到这一点还是不够的,这只是课堂管理的目的之一。而且这种管理是一种消极的课堂管理，是在课堂管理上的一种保底要求。另外，还有一种积极的课堂管理方式，比如通过营造浓郁的班级学习氛围，让学生能在学习中做到团结协作，以促进课堂合作，这样可以通过发挥集体的力量来提高课堂效率。当然，对于教师的课堂管理而言，首先要做到能维护好课堂纪律，在此基础上如能促进课堂合作，自然就更上一层楼了。因此，教师加强课堂管理首先要对这两个目的有明确的了解。

有研究者认为，课堂管理最成功的境界，就是通过发掘学生群体的力量来提高每位学生的学习效率；课堂管理最失败的境界，就是对学生群体失范行为的无能为力。这对我们教师的课堂管理有着很大的启发意义。

二、形成班级舆论的风向

对于课堂管理而言，教师要事先制定一定的"游戏规则"，形成大家都遵守的一些规则。比如2014年访华的全美优秀教师罗恩·克拉克，最初就是以他的55条班规闻名于我国的。

制定课堂规则要在教学开始前进行，有经验的教师一般都是在学期初制定课堂规则，让规则走在行为的前面，"约法三章"就是这个道理。在制定课堂规则的时候，要有学生的参与，规则的要求要得到学生的认可，并形成集体约束的舆论氛围。这样，一旦有学生违反课堂规则，会受到集体力量的谴责，这对想违反课堂规则的学生会形成一定的约束。

在具体规则的制定上，有一点必须引起教师足够的重视，那就是规则的合法性。某市教育局对某校进行办学规范督导时，发现某班张贴在墙上的10多条班规都是有悖于我国现行的教育法规的。这就逾越了底线。教师制定班级规则要以法治和民主为原则，在确保班规合法性的同时，体现班规制定过程的民主性。在规则的表述上，要简洁明了。规则一旦制定，不能朝令夕改，如果确需更改，要和学生一起修改，以体现规则的权威性。教师还要通过一定的途径让遵守课堂规则的学生受益，让大家真正感受到规则并不只是约束，遵守规则对自己是有好处的。

三、善用课堂评价的力量

在课堂教学中，批评和表扬是教师常用的教育手段，同时也是提高课堂管理效果的必要手段。其实，教师在使用批评和表扬这一手段的时候，是需要讲究艺术的。因为真正导致学生行为转变的并不是教师的外在批评与惩罚，而是学生对教师外在批评与惩罚的反思和接受。表扬同样也是如此，需要真正为学生内化，才能发挥其激励作用。

课堂管理一定要以维持学生群体的学习秩序、提高学生群体的学习效率为目的，不管是批评还是表扬学生个人，都要以是否有利于营造良好的学生群体的学习氛围为标准。否则，就是走进了课堂管理的误区。

教师在表扬学生的时候，不要简单地说好，更不能胡乱地说好，要让学生真正感受到教师对自己的表扬是真诚而恰到好处的，这样才能更好地满足他们的自尊心，激发他们的自信心。

批评学生虽然是教师的一种权力，但是也不能滥用，否则会引发师生冲突，造成不好的后果。适当的批评能够行之有效地纠正学生的不良行为和错误，也能给其他学生一个警示，让他们认识到有些行为是不能有的。不过，教师在批评学生的时候要注意把握好分寸，要找准批评的目的，有针对性地进行批评，做到以理服人，不能把学生的旧账牵出来，避免伤害学生的自尊。如果批评造成学生的逆反心理，则不但达不到教育纠正的目的，还可能激起学生对教师的反感情绪，让他们跟教师对着干，使他们的行为更加不受约束，这样就会进一步造成课堂的失序。

教师要在日常的教育教学中有意识地加强自己在课堂管理方面的修炼，让有序的课堂助力自己的教学。

教师如何应对慕课的挑战

2014年6月,《师资建设》杂志策划了一期"'慕课时代'悄然来临,你准备好了吗?"的大型专题,对基础教育如何应对慕课的挑战进行重点关注。此前,《中国教育报·课程周刊》也用多个整版对与慕课密切相关的翻转课堂进行了密集关注。的确,慕课不仅仅是高等教育的事,中小学教师也要积极应对这一新兴事物。

一、慕课的条件日益具备

2014年1月10日,《浙江教育报·教师周刊》头版整版以"基础教育接轨慕课——一场已经到来的革命"为题,对杭州市学军中学的翻转课堂的探索进行了关注。对于基础教育来说,翻转课堂是跟慕课紧密结合在一起的,是在慕课平台基础上的延伸。在高等教育领域成为热议的慕课,其实已经来到了中小学的身边。自2013年以来,《光明日报》《中国教育报》等多家媒体对基础教育是否适合慕课进行了重点关注。

翻转课堂是近年来源自美国、风靡全球的教育模式。教师课前录制一段10分钟左右的视频,然后上传到云服务器,学生先学习视频,完成视频里老师留下的练习。在课堂上,教师先聚焦主要问题,师生互动交流,再有针对性地进行学习。

教育行政部门和教师培训部门正大力推动的微视频和微课程建设,

客观上已经在为慕课做准备了。微视频、微课程，是信息技术条件下的课堂教学方式的改进和有益补充，同时也为慕课的实施作了技术上的准备。华东师范大学也牵头成立了面向中小学的慕课中心，开展相关的活动协作和研究。

尽管慕课目前主要在高等教育领域受到普遍关注，但是基础教育同样不能拒绝技术带来的便利。现在，普通家庭已普遍具备网络教育条件，这为慕课进入基础教育创造了良好的条件。

教育行政部门也充分利用网络为学生的自主学习提供便利。以宁波市教育局推出的"空中课堂"为例，可以看到这样的网络学习已经带有慕课的味道。2014年2月，宁波市教育局在宁波教科网上推出"空中课堂"，通过网络教学，让学生共享名师的智慧。学生只要家中有能上网的电脑，就能聆听名师授课。这充分体现了信息技术背景下学生学习的自主性和网络学习的便利性。

当然，与高等教育较为成熟的慕课课程相比，基础教育阶段的慕课还处于襁褓阶段，正走在摸索的道路上。不过，基础教育阶段的慕课，并不能等到什么条件都成熟了再去实施，完全可以边探索边研究，让不同地区、不同学校都可以找到适合自己的方式。在网络技术飞速发展的今天，基础教育牵手慕课，并不是太遥远的梦。

二、学生的自主性得以增强

有研究者认为，高等教育慕课的实施，会让那些大牌教授获得更大的影响力，而不少教师可能"沦为"助教。的确，在当前这个网络社会，最好的老师开始现身互联网，最好的课堂将建在网络上。不过，基础教育慕课的实施，除了可能会催生一大批名师，也给了学生更多学习的自主探索空间。

在翻转课堂的背景下，课堂上老师的时间不再主要用在讲授新课而用在答疑解惑上,课堂上学生讨论互动、合作学习明显增多,教师的教学方法和学生的学习方式将发生根本改变。学生的自主性更强,这对于培养他们的终身学习能力是有帮助的。不少学生原先没有自学的习惯,但在这样的教学要求下,必须形成自学的习惯和能力,而这对学生的终身成长是非常有好处的。有研究者认为,翻转课堂的最大魅力在于人性化,学生在家学习时,完全可以自主地按照自己的节奏,以自己的心态去学习。这样,学生的学习兴趣、参与意识、学习质量和探究能力都有可能得到提高,能真正实现个性化教学。而且,这些优质资源是移动的,可以走到哪学到哪。只要有网络的地方,都可以在线观看视频,或下载保存到各种多媒体数码终端设备,如笔记本电脑、手机、IPAD等。微课时间短,学生注意力充分集中,其背后的逻辑是先学后教,引导学生在微视频条件下自我学习,可激发学生主动参与,有助于提高学生学习的实效性。

慕课改变了当前基础教育的教学模式,将学生在线学习与学校学习相结合,让学习变得更加有滋味,也大大提高了学习效率。信息技术使得人们可以随时在云端调取自己所需的知识,强化了学生学习的自主性。

三、教师的素质面临考验

慕课这一全新教育模式对我国基础教育的传统教学提出了挑战,比如翻转课堂使得课堂不再是预设的结果,而主要是生成的过程。甚至有研究者认为,慕课是班级授课制之后最大的一次教育革命。我们每一位教育人都必须重新审视与思考教育的今后走向。

每一位教师都面临着微视频的制作和微课的录制这样的技术挑战,这还仅仅只是一个表面上的问题。慕课并非简单地制作教学视频,而是网上学习和课堂学习的产物,是对中小学教学流程的再造。课堂翻转以后的难点在于怎样组织学生进行研讨,这对中小学教师的综合能力是个挑战。有效处理在线学习与课堂学习的衔接问题，才能更好地让教师因材施教，学生有效学习。

教师要逼着自己先于学生去学习，去深入探究，以应对课堂上可能出现的各种问题。与传统的课堂相比，翻转课堂上动态生成的东西更多，这使得教师不得不重视自己的学习。在这个过程中，教师也必将促进自身的专业成长。

对于慕课和翻转课堂，我们必须以积极开放的心态去面对。我们需要结合相关的要求，切实提升自己的应对水平。假如有一天慕课来到你身边的时候，你就能在翻转课堂中一展身手，让自己在与时俱进中做好教育教学改革的弄潮儿。

充分利用校本大课堂

教师的成长是实践的艺术,学校是教师成长的最有效的场所。现在,学校本位的教师专业发展越来越受到重视。教师的在职研修,尤其是教育教学方面的实践性知识的增长,自己所在学校是最好的场所。

因此,利用校本大课堂,来促进自身教学水平的提高,应该成为每一位教师的共识。其实,学校就是一个大课堂,每一位身处其中的教师能否有效借用学校的力量来提升教学能力,考量着教师自身的智慧。

一、利用好教研组这一"根据地"

教研组是教师专业发展的最基本的场所。教研组组长一般是本校学科建设和发展的"领军人物",学校的很多校本培训活动,都是以教研组为单位进行的。教研组开展的日常业务学习、听课评课活动,都是指向教师专业成长的。现在,不少学校在对教师的考核上实行以教研组为单位的捆绑考核,以更好地形成教研组成员的合力,把教研组建设成为智慧共享的教研团队。对于教师而言,能否借助教研组这一平台来促进自身的成长,是至关重要的。如果教师对眼前的利好资源不闻不问,就会错失很多成长的良机。

对于年轻教师而言,要乐意承担教研组内的一些任务,比如上公开课、参加上级有关部门组织的业务评比,这对于提高和巩固自己在教研组的地位有很大的帮助。在这些活动中,教研组的同事会给自己很多的指导,这是促进自身成长的好机会。尽管现在有很多人对赛课颇有非议,认为这样磨出来的课并不能代表参赛教师的真实水平,但从上课教师的角度来说,一个人的身上凝聚了整个教研组的智慧,有机会参与这样的练兵,无疑会使自己的教学能力上一个台阶。

另外,在教研组的集体备课中,教师要有与他人协作的心态。虽然现在集体备课存在一定的形式化,但是对于有心成长的教师而言,仍然可以在集体备课中学到很多本领,提高自己的备课水平。在集体备课的基础上,形成自己的二次备课,从而提高自身的教学基本功。

二、积极融入学校的"大本营"

在利用好教研组这一根据地的同时,教师还要跳出教研组来看待自己的发展。目前,很多教师的听评课活动都是在教研组内部进行的。其实,观摩同事的课堂,完全可以跳出教研组的局限,放眼全校教师的课堂,更好地利用全校的资源来促进自身的成长。

教师不妨多一点跨界的意识,在学校这个校本大课堂里,多听听其他学科老师的课,比如语文老师听听数学老师的课,数学老师听听社会老师的课,英语老师听听美术老师的课。这样,可以在学校范围内观摩到更多的教学风格。不同学科老师的学科教学特点,或许会对自己的教学有一定的启发。

教师是学校可持续发展的最重要的宝贵财富,校长是教师专业发展的第一责任人,学校和校长会为教师的专业成长创造很多机会。比如学校举行的各类公开课、承担的各类教研活动,可以让教师接触到更多的课堂,近距离观摩更多教师的教学。借此,教师可以更好地反思自己的课堂教学。

跨界于教授和校长的华东师范大学周彬博士,对课堂教学进行过深人的研究并有独到的见解。他认为,教师要用自己的理念听他人的课,听别人的课是为了建设自己的课。学校都规定教师要有一定的听课数量,不少教师把听课作为任务,有的教师甚至是抄抄听课笔记应付了事。事实上,听课就是教师学习的一种很好的途径,听课不仅仅是完成任务,更是在建设自己。

教师对同事的课堂进行观摩和学习,进而反思自己的课堂教学,更好地超越自己的课堂教学。在这一过程中,学习他人的课堂优势、认清他人的课堂劣势之后,就能更好地反省自己课堂的优势和劣势。

教师要注意课后的评课活动,这也是很好的学习提高的方式。听了课后,自己有什么想法,听听其他教师是如何评课的,除了可以检验自己的观点,还可以习得评课的方法。

三、积极开放自己的"责任田"

有些学校实行的"推门听课"制度让教师很不乐意。从学校管理的角度来说,这样的方式是为了督促教师上好每一堂课。不过,对于教师而言,如果自己的课堂经得起检验,是不怕被"推门听课"的。教师在这个方面其实可以化被动为主动。有些学校实施的教师上课"主动邀请"制度就给了教师很大的空间。比如教师想让学校领导、同事来诊断自己的课堂,可以把自己上课的时间提前公布,并邀请学校领导和同事前来听课。现在很多学校有网络互动平台或者学校 QQ 群,发出这样的邀请是很方便的事。

对于教师而言,在课堂教学上敢于亮剑,也是有专业自信的表现。教师把自己的课堂向同事或领导开放,也能督促自己进一步加强在课堂教学上的修炼,让自己的课堂成为经得起检验的"优质产品"。当然,教师也要有不怕丢丑的心态,借这样的机会,听听领导和同事真诚的指导意见,对自己的成长是很有帮助的。

我们每个人都处在学校这个校本大课堂中,如何利用各种机会来促进自身的成长,应该成为教师的自觉行为。

提高作业的含金量

中小学生课业负担重,最主要的表现就是作业量大。在现实中,"不布置作业,想提高成绩没门""要提高成绩,当然作业越多越好"的作业哲学成了不少教师的无意识。然而,如果每位教师都只顾自己的学科,想当然地多布置一些作业,那对学生来说无异于一场灾难。

那么,多做作业是否真正有助于学生提高成绩呢?《中小学管理》2012年第12期发表的《家庭作业影响学生学习成绩的实证研究》给出的答案恐怕要让很多教师纳闷了:家庭作业所花时间越长,学生对家庭作业的态度越消极,学习成绩越差。

布置过量作业的手段与提高学生成绩的目标并不匹配,反而会阻碍这个目标的实现,是一件吃力不讨好的事。过多的作业大大加重了学生的负担,影响了学生的身心健康,最后与功利目的(分数)也背道而驰。

这项研究是宁波大学教师教育学院徐建平博士等研究人员开展的。他们在对宁波市四所中小学进行调查的基础上,从"家庭作业时间量、家庭作业的批改和评价、学生对作业的态度、家庭作业的设计和布置"这四个维度出发,通过科学的统计与分析得出结论。

这个调查还显示:"学生的学习成绩"与"家庭作业时间量"存在显著的负相关,而与"学生对家庭作业的态度"存在显著的正相关;"学生对家庭作业的态度"与"家庭作业量"呈显著负相关，而与"家庭作业设计和布置、批改和评价"呈正相关；"家庭作业的设计和布置、批改和评价"与"学生的学习成绩"没有直接的相关性，但它们通过"学生对家庭作业的态度"这个中介变量，间接地与"学生的学习成绩"产生相关。

这个调查验证了"态度决定一切"的观点，"学生对家庭作业的态度"是一个决定性因素。

很多学生是抱着为了交作业而做作业的态度在做作业的，这种应付心态使他们很难认识到作业对自己学习的积极意义，更别说能从中学到什么东西。这也说明只有积极的情绪体验才能促进学生成绩的提高。

2014年8月3日，《武汉晚报》以"找代写用解题'神器'，暑假作业偷懒高招大盘点"为题，对暑期学生抄作业、找人代写、求助解题"神器"等应对作业的方式进行聚焦。当学生用这样的方式来对待教师布置的暑假作业的时候，这样的作业究竟有何价值，就值得思考。

如今，"教师现场学习力"正在引起教育理论界的关注。学生也有"现场学习力"，从某种意义上说，做作业是学生的一种现场学习。教师要考虑的应该是学生能否从这个现场中获益。

宁波大学的这项研究还表明，家庭作业的设计和布置、批改和评价越合理有效，学生对家庭作业的态度就越积极，学生的学习成绩就越好。

2014年4月，浙江首份中小学教育质量综合评价监测报告出炉，证明学生做作业时间偏长，成绩会下滑。浙江省教育厅教研室主任、浙江省中小学教育质量监测中心主任缪水娟在接受记者采访时表示，"调查发现，三年级学生中，每天校内作业1小时左右的学生成绩最好，超过1小时后，学生学业成绩随着作业时间的增加逐步降低。而对于八年级学生，作业时间超过3小时后，学业成绩也呈现出下降趋势。"可见，单纯地加大学生的作业量，真的是一件吃力不讨好的事。

布置作业真的是个技术活,包括作业的设计、作业量的控制、批改和讲评都是有技术含量的。教师若不顾作业的质量,只追求作业数量,这种"粗放型"作业很难激发学生对作业的热情。缺少了"积极态度"这个中间变量,就缺少了学生做作业过程中的生命在场,作业的实效性自然低下。

《中小学管理》2012年第1期刊登了中国教育学会副会长陶西平先生撰写的《呼唤有效作业》一文。在这篇文章中,陶西平先生提到,他曾经问过一位校长:"你了解过老师都留了什么作业?这些作业是不是都有必要?多数学生要用多长时间完成?作业的效果怎样?"结果那个校长很尴尬地说:"我没有认真调查研究过。"可见,对于作业这个让无数学生头大的事情,在很多校长和教师的眼中,还是一笔糊涂账。

的确,很少有教师对作业进行过认真研究。大家都适应了"教师布置作业、学生完成作业、教师批改作业"的循环,很少有教师会考虑自己布置的作业究竟有没有用。现实中,学生做的不少作业都是无用功,一些教师还是乐此不疲地布置作业。这样的作业简直就成了"作孽"。有些教师由于布置作业过多,导致根本没有时间批改作业,这样,学生做了作业,却得不到及时的反馈与更正;而教师花过多的时间用于批改作业,导致认真备课和进行教学研究的时间缺乏,在教学上投入不够,最终影响教学水平的提高,造成恶性循环。

"备课、上课、批改、辅导、测评"是教师教学的五个基本环节,也是教师要遵循的教学常规。教师应该把作业纳入备课环节,精心设计作业,作为精心备课的一环,并认真做好作业批改和反馈工作,让学生对作业形成积极的态度。这样的作业才能真正发挥其应有的作用。

"精选、先做、全批并及时反馈",这是浙江省教育厅在减负工作中对作业的要求。表面上,这样的做法加重了教师的工作量,但是从让作业真正发挥促进学生成绩的作用方面考虑，这样的做法是非常有必要的。

莫让作业变成"作孽"，这值得每一位教师警醒。如何提高自己布置的作业的含金量，这应该成为教师的每日一问。提高作业的含金量，也应成为教师最实用的研究课题。教师在布置作业上有所作为，其实是落实"以生为本"思想的最好体现，是教师真正意义上关爱学生的最好举措。

提高自身课堂的趣味性

2014年7月,笔者在参加教育硕士课程学习的时候,有一门课是"马列原著选读"。在很多人眼里,这门课是很难引起兴趣的,会非常枯燥。果不其然,虽然授课的老师是正高级研究员,但是他就理论解读理论的授课方式,真的难以让听课的学员们对这远离现实生活的"高大上"理论产生兴趣。五天的学习非常沉闷,成了大家的共识。

印象中,思想政治课之类因为枯燥的理论解读往往使学习者敬而远之。不过,也不尽然。从媒体报道来看,受学生追捧的思想政治课还是存在的。一门课能不能吸引学生,关键还在于上课的教师。

同样,中小学教师能否让自己的课堂更有趣,让自己的课堂更加吸引学生,是值得每一位教师认真思考的。每一节课都是教师生命的一部分,让自己的课堂有趣,吸引学生,这是教师生命高质量的体现。

让课堂变得有趣,让学生感受到课堂的乐趣,也是减轻学生心理负担的具体体现,是教师在推进减负工作中有所作为的地方。因此,让自己的课堂变得有趣,是教师的一种责任和担当。

学生如果能在课堂上感受到乐趣,便能进一步激发学习这一门学科的兴趣。一旦有了内在的学习兴趣,他们的学习积极性自然可以得到进一步的激发,学习成绩自然能提高。

教师要提高说话水平，才能让课堂变得有趣。有些教师在课堂上端着自己，不管学生有没有兴趣，自说自话。学生听得索然无味，自然对课堂教学提不起兴趣。不少调查显示，幽默是教师受学生欢迎的最主要条件之一。一个幽默的教师，并能把幽默在课堂上发挥到极致，他（她）的课堂肯定会深受学生欢迎。如果教师口才一般，不妨多看看《演讲与口才》杂志，为自己的课堂教学积累一点有用的素材，并学一点实用的讲话技术。当然，学会幽默，也不是速成的，需要长时间地修炼。

另外，教师的体态语言在激发学生的学习兴趣上也起着很大的作用，因为教师在课堂上的一举一动、一颦一笑都会对学生产生很大的影响。这方面，教师不妨看看李振村的《教师的体态语言》一书，相信会对教师的体态语言的作用有更加深刻的认识，并有意识地修炼自己的体态语言。

要增加课堂的趣味性，除了教师的语言和体态语言要有魅力外，很重要的一点是让学生觉得听课有意义。教师要尽量将学科知识趣味化，尽可能将书本上的学科知识生活化，这一点非常重要。教师如果能把教学内容与生活实践结合起来，不仅可以增加课堂的趣味性，也可以让学生感受到学习跟自己是有关系的，是具有应用性的，能增强自身的综合素养，而不仅仅是为了应付考试，这样就能更好地激发学生学习的内驱力。教师要激发学生对知识的兴趣，要把提高学习成绩的外在兴趣转化为课堂教学内在兴趣。其实，就提高学生的学习成绩而言，在学生学习的诸要素中，最容易改变的还是学生对学科的学习兴趣。这是主观上的一种态度，态度一改变，行为就会跟进。清华大学教授刘瑜在《观念的水位》一书中，对观念对于人的行为的影响进行了生动形象的描述。观念很重要，观念一旦转变，就会对行为起到很大的推动作用。

有一点必须引起重视，课堂有趣不是无厘头的搞笑，不能是脱离教学目标的瞎聊,而是让学生在课堂上学得更有味道,更有收获,否则的话就是本末倒置了。一个老师上的课再怎么有趣,而学生的学习成绩一塌糊涂,这样的老师恐怕也得不到学生应有的尊重,得不到学校领导和同事的认可。这样的教师是称不上好老师的。所以,让课堂变得有趣,也是个技术活,需要教师用心去探索。

  课堂如何变得有趣,关键在于老师。有些老师可以把写字课上得很有趣,而有些老师可以把美术课上得很无趣,关键在于教师有没有让自己的课变得有趣的意识,是否为提高课堂趣味、吸引学生而付出努力。让自己的课堂更有趣,需要教师在实践中不断修炼。

帮助学生成为学习的主人

以往，我们往往关注教师的教，很少关注学生的学。而事实上，教师的教，必须转化为学生的学，以学生学得的结果作为评价标准。否则的话，教师教得再精彩，缺乏了学生的真心参与，就变成了唱独角戏。现实中，有些教师教得很辛苦，效果却不怎么好，正是因为忽视了学生的学。因此，教师教得精彩，不如学生学得精彩。真正重视研究学生的学习，应该成为教师教学活动的一个重要组成部分。

"以生为本"作为口号，大家耳熟能详，但在具体的教学实践中，不少教师往往就只有"自我中心"了。但是再高明的理论，再精彩的课堂，如果学生"不在场"，都是低效的，甚至是无效的。有些教师会抱怨，这个题目我都讲了不下五遍了，但还是会有很多学生做错，这些学生真的是没法教呀。可见，教师讲得再天花乱坠，再累得不可开交，学生这一接收器和转化器不到位，也是白费劲。如何让学生真正在学习上到位，是教师必须关注和思考的。

如果我们稍微留意一下，不难发现，近年来全国范围内的教改明星学校，如泰州市的洋思中学、山东的杜郎口中学、南京的东庐中学，无一例外地都把目光聚焦在了学生的学上。"先学后教，以学定教"，这些都是"学生为本"的具体体现。

因此，围绕学生的学这个中心点和关键点，教师需要进行多方面的努力，比如说激发学生的学习动机，给学生学法上的指导，引导学生形成自主学习能力等。如果能让学生真正成为学习的主人，教师就可以少做无用功，成为高效能教师。

一、激发学生的学习动机

大家都有这么一个感觉，现在学生的学习动力不足，很多学生处于被学习的状态，学习成绩好却不爱学习的学生有很多。这一点，从2014年5月发布的浙江省首份基础教育质量监测报告中可得到印证。该监测报告指出，现在的学生的学习动力主要为外部动力，缺乏内驱力，今后需要在提高学生的学习内驱力方面下功夫。因此，教师如何内外兼顾，来提高学生的学习动力，就显得尤为重要了。针对不同的学生，来激发他们的学习动机就成了教师的一项基本功。学生缺乏学习动机，缺乏学习热情，教师再怎么折腾也没用。

教师是学生成长路上的陪伴者和引导者，要研究学生的学情，关注学生的学习状态，针对不同学生的具体情况，采取针对性的措施，努力激发学生的学习动机。

二、加强学生的学法指导

近几年，加强对学生学法指导的提法相对冷清了一些。其实，教育领域很有影响力的教师，比如魏书生、王金战等，都非常强调对学生的学法进行指导，魏书生还曾写过《好学生，好学法》一书。

在有了良好的学习动机的前提下，学生的学习方法的好坏就显得尤为重要了。正所谓"工欲善其事，必先利其器"，好的学习方法，就如学生手上的好工具，能有效提高学习的效果。不同的学科有不同的学习方法，不同的学生适用不同的学习方法。有些学生在实践中探索出了适合自己的学习方法，有些学生的学习方法不合理，需要教师进行必要的指导和点拨。学习方法包括很多方面，比如如何记好课堂笔记、如何管理错题、如何进行有效复习、如何提高答题技巧等。对于具体的学习方法，需要根据个人的需要去选择。对此，教师应有所作为。

在学习方法指导上，教师要起好教练一样的作用。教师如能帮助学生形成行之有效的学习方法，则是让学生掌握了提高学习效率和提高学习成绩的有力武器，并能进一步激发学生的学习自信心。学生一旦能熟练运用适合自己的学习方法，学习效率会更高，会学得更愉快、更轻松，学习成绩的提高自然就不在话下了。

三、培养学生的自学能力

客观地说，现在的中小学生的学习，往往是被家长和老师推动着进行的，是一种被动的学习。一旦外力消失，学生的学习行为往往就会自动停止。这也是如今不少大学生不知道如何安排自己的学习的症结所在。很多家长安排自己的孩子在暑期参加各种补习班，除了盲目跟风外，自己的孩子缺乏主动学习的能力也是原因之一。否则的话，如果自己的孩子在假期里沉迷于网络游戏或者电视节目，这样就麻烦了。

一个人的自学能力是关系到一生发展的重要能力。现代社会是终身学习的社会，一个人如果形成了自主学习的能力，就相当于拿到了这个终身学习社会的通行证，可以在未来走得更远。从现实角度讲，一个学生如果形成了自主学习能力，他就能更好地安排日常的学习，这样自然也就能提高学习成绩。因此，培养学生的自学能力，应该成为教师关注的重点。

教师只有真正关注了学生的学，努力让学生成为学习的主人，这样，自己的教学目标才能更好地实现。教师要努力成为学生学习路上的领跑者和助推者，在成就学生的同时实现真正意义上的教学相长。

3 做有"技术含量"的德育

"育人为本,德育为先""人人都是德育工作者",这些作为口号是广大教师耳熟能详的。而且,党的十八大提出了把"立德树人"作为教育的根本任务。但是在现实中,德育的实效性不高又是不争的事实。

"德育为先"落不了地,除了教学挤占德育的空间外,还与不少德育工作者缺乏德育的技术含量有很大的关系。下跪式孝顺教育、洗脚式感恩教育的盛行,恰恰是当下德育缺乏专业性的一个缩影。

近期,《人民教育》等多家媒体也对当下德育中的形式化和娱乐化现象作了批判。这一切,都呼唤全体教师提高自身的德育专业化水平。如何做有"技术含量"的德育,值得每一位教育的有心人去思索、去探究。

正确认识教师德育专业化

随着新课程改革的推进,教师专业化逐步成为广大教师的自觉追求。现实中,教师专业化往往被窄化为教学专业化,对于德育专业化,很多教师并不关注。事实上,教师专业化是指教师职业具有自己独特的职业要求和职业条件,有专门的培养制度和管理制度,既包括学科专业性,也包括教育专业性。

2014年3月7日,《光明日报》刊发了全国政协委员、北京师范大学党委书记刘川生的访谈文章《教师专业≠教学专业》。她表示:"我国中小学新教师的培育,主要是通过师范教育,或者普通高校毕业加考教育学与心理学科目,获得教师资格证书的方式来实现。但这两种培育方式都没有专门以培育、提高德育专业能力为宗旨的课程设置。而新教师上任第一天就可能面临各科教学中的德育、师生关系中的德育、班主任工作中的德育等德育常规课题。因此,我们要突破将'教师专业化'狭隘理解为'教学专业化'的思维局限,克服将教师专业培训仅仅局限于教学技能培养,从而忽视教师德育专业能力培育的弊端。"这个观点是很值得我们思考的。

北京师范大学博导、德育研究专家檀传宝教授大力倡导教师德育专业化。他认为,教师的德育专业化不仅仅是德育教师、班主任的德育专业化，而且是指学校全体教育工作者都应当掌握现代化的知识、技能，实现其德育素养的专业化发展。

一、德育实效低下呼唤教师德育专业化

笔者曾在某教育论坛上看到过一篇题为"德育，一个沉重的话题"的帖子。在这个帖子中，这位老师描述了当前学校德育中司空见惯的现象："喜迎三八节，听着学校升旗仪式上孩子经年不变的陈词老调：'三八节'是母亲的节日，让我们给母亲洗洗脚，我们要感恩母亲，感恩老师。"当然，这位老师还举了不少其他的例子，最后发出这样的追问："像这样的德育，我们几乎每天每周每月每年都在进行着，可是孩子的行为却是眼看着一天比一天让我们不可思议。"

"德育为先，育人为本""人人都是德育工作者"作为口号是教师们耳熟能详的，但在现实中，德育的实效性并不是很高，有时甚至趋于形式化。洗脚式感恩经常在各地中小学校园内上演，甚至有冬天在操场举行千人洗脚感恩仪式的。《河南日报》2011年5月曾刊登了一篇题为"感恩何必要洗脚"的文章。这篇文章中提到，又是一年母亲节，某学校特意组织了一次"给妈妈洗一次脚"的活动。可活动刚布置下去，就有学生抗议："去年是洗脚，今年还是洗脚，就不能换个别的？"

这样，中央电视台的一个关于洗脚的公益广告居然被学校演绎成感恩教育的"一招鲜"了。这真的值得我们反思。

那么，把我们的目光放到更多的活动，有多少德育活动是精心设计、达到专业水准的呢？当我们把目光放到学校德育中的更多活动时，就会发现很多德育活动是应景性的活动，甚至是为活动而活动。导致德育实效普遍低下的原因有很多，但作为德育工作实施者的教师缺乏足够的知识和技能，也就是缺乏专业性是主要原因。德育实效低下呼唤教师德育专业化。

二、教师专业标准呼唤教师德育专业化

2012年9月,教育部分别出台了中学、小学和幼儿园的教师专业标准(试行)。以中学教师专业标准为例,在总共十四个领域中,有两个领域跟德育直接相关。在"教育知识"领域的要求,具体包括"掌握班集体建设与班级管理的策略与方法""了解中学生世界观、人生观、价值观形成的过程及其教育方法""了解中学生群体文化特点与行为方式"等。在"班级管理与教育活动"领域的要求,包括"根据中学生的世界观、人生观、价值观形成的特点,有针对性地组织开展德育活动""指导学生理想、心理、学业等方面发展""有效管理和开展班级活动"等。

根据相关负责人介绍,中学教师专业标准的定位是对"合格中学教师的基本专业要求"。也就是说,标准的规定是超越于不同学科、不同发展阶段的教师的具体要求,是对所有教师的一般性共同要求。

国家制定教师专业标准就是为了促进教师的专业发展,从这个意义上讲,教师的德育专业化是教师专业化的应有之义了。以前,我们虽然说全员育人,人人都是德育工作者,但这只是软杠子,并没有多少硬性的约束力。特别是义务段实施绩效工资制以来,任课老师认为班主任享受工作量工资,自己只要上好自己的课就行了,德育更不关自己的事。今后,随着教师专业标准的实施,教师的德育专业化是一个必然选择。

三、教师应对挑战呼唤教师德育专业化

现在很多教师面临着学生越来越难教的困惑,而且家长对教师的要求也越来越高,这给教师造成了很大的压力。即便是80后的教师,也要与90后的学生斗智斗勇了,更何况是60后、70后的教师。其实,教师要提高教育教学效果,必须要赢得学生的心。

2006年,浙江省嘉兴市曾经做过一个有关师生关系的调查,结论非常值得我们教师反思。有48.9%的教师认为自己"很了解"或"比较了解"

学生内心的想法，自我感觉不错；而学生认为老师"很了解"或"基本了解"自己的，却只占8.2%，根本不买账。

虽然很多老师特别是班主任都会说自己很爱学生，自己这样做是为了学生好。但是，在学生的眼里，并不是这样的。一些学生认为班主任很不得人心，还有的学生私下里骂班主任。师爱是教师职业道德的应有之义，但是，教师的爱要让学生懂才能发挥作用，这就需要德育的艺术。教师凭什么让学生服你？教师必须走进学生的内心深处。

在现有的教师教育体系中，教师在职前接受的德育方面的教育是很有限的。而在校本培训中，对教师德育能力方面的培训也不多。很多教师缺乏德育意识，缺乏德育能力，不会很好地开发和利用德育资源，失去了很多好的教育契机。实施新课程以后，教师接受了很多教学理论的培训，而在德育理论方面所受指导不多。教师应该迅速补上德育专业化这一课。

中国教育学会会长顾明远教授曾非常痛心地说："为什么制作课件这样的教学技术都是教师专业化的应有之义，而培育人心灵的德育艺术却长期不在'教师专业化'的视野之内？"

后来，笔者留意到《人民教育》刊发了檀传宝教授的《主动回应时代的呼唤：走向教师德育专业化》，《教育研究》刊发了檀传宝教授的《再论"教师德育专业化"》，《中小学德育》杂志2013年开设了"走向教师德育专业化"专栏，每期刊发一篇相关文章。可见，教师德育专业化正引起主流权威教育媒体的高度关注。

走德育专业化之路，更好地完善自身的专业成长，值得每一位教师思考并付诸行动。

让德育促进教学

宁波市中小学德育研究会曾开展过主题为"德育在应试教育面前不应无能为力"的德育热点话题大家谈征文活动。当时,笔者执笔的《为学生的全面发展提供精神动力——德育在应试教育面前大有用武之地》获得该次征文唯一的一等奖。

的确,用心做好德育工作,是能促进教学工作,能实现"德育为先"和"教学第一"的双赢的。

一、"豁命向学"与"德育促学"

2012年5月6日《长江商报》刊发《史上最刻苦"吊瓶班"为备战高考集体打吊瓶》的报道,包括《中国教育报》在内的多家媒体第一时间给予关注,成为教育热点话题。

现实中,我们经常可以看到类似"吊瓶班"的"拼命三郎"型师生。当然,很多人把这样的行为归咎于高考和中考所带来的升学压力,大家还形成了这样的共识:只要教育体制不变,减负就是一句空话。事实上,我们都是体制内的一分子,如果我们把一切问题都归咎于体制,那么我们每个人都在加剧体制的弊端。

"育人为本,德育为先"作为口号是大家耳熟能详的,但在现实中德育往往容易沦为"软柿子"。不少学校把"教学质量是生命线"奉为圭臬,直奔主题抓教学质量,甚至教学质量往往又被窄化为分数,变成了"分数至上"。分数对学生固然重要,让学生获得理想的分数也是教师应有的担当。但是,"育人"和"育分"能否兼容,教师能否在"育人"的同时赢得"育分",这其实在考量教师"育分"的品质。

美国名师雷夫的学生大多来自贫困家庭,家庭教育条件非常不好,学习的习惯很差,学习成绩自然不理想。但是,雷夫通过一年的时间,却创造了奇迹。他的学生考试成绩在全美能达到前5%,其中很多考上了美国的名牌大学,这在常人看来是不可思议的。按照我们的说法,这是三流的学生考出了一流的成绩。但是,雷夫并没有让学生"一心向学",他以科尔伯格的道德发展六阶段理论来加强对学生的道德教育,也就是我们所说的"育人为本,德育为先"。雷夫不直奔主题抓成绩,但他的学生却考出了优异的成绩。雷夫的实践,其实就是美国版的"德育促教学"。

二、"德育促学"意义重大

抓分数要科学地抓。说实话,"抓升学率要抓出血来"这样的豪言壮语,听了难道没有让人毛骨悚然的感觉吗?抓学习成绩能否不以牺牲学生的身体健康为前提,考量着学校的管理智慧以及教师的教育良知。的确,学生没有分数过不了今天,但是只有分数也过不好明天。或许,现在大家都太功利了,忽视了教育本来就是慢的艺术这一真谛。

是直奔主题地抓考试分数,还是按照教育规律,通过多种形式,把学生的积极性都调动起来,在"教师乐教、学生乐学"中,实现学生考试分数的提高,并让学生在多方面得到发展?这是教师应该认真思考的。

让我们稍微再看得长远一点,学生在中考和高考上的成功只是人生的一个新的起点。如今很多学生进入大学后,就失去了学习的动力,整天混日子,这对此前的"拼死拼活"考大学是一个极大的讽刺。

现在,"不能输在起跑线上"已经成为国人的无意识,学业竞争的压力前移,导致学生在小学时代就承受了过大的学习压力,而对学习失去了兴趣。

全美优秀教师罗恩·克拉克认为,提高成绩不必"应试而教",重要的是点燃学生的学习热情。但在现实中,我们却是在泯灭学生学习热情的基础上,让他们去学习。这跟按着牛头强饮水差不多,效果自然也好不到哪里去。

《输在起跑线上的哈佛男孩》一书主人公于智博的成长曾引起各界的广泛关注。于智博读小学时留级后仍然是排名倒数的孩子,按照通俗的说法就是名副其实的"差生"。但是,就是这样一位输在起跑线上的"差生",到了美国之后,成功考入哈佛大学商学院,毕业后成为花旗银行"全球领袖计划"成员,成长为500强企业抢手的国际化人才,并成为联想集团总裁高级助理。

学生的实力分为硬实力和软实力。所谓硬实力主要指的就是学习成绩,而软实力指的是体育运动能力、当众演说能力、诚信能力、公共事务组织和参与能力等。于智博在硬实力上不如别人,但是在软实力上胜人一筹。也正是他的软实力,为他的成功奠定了扎实的基础。

其实这个软实力,正是德育可以大有作为的地方。

三、"德育促学"人人可为

在现行教育体制下,应试教育的残酷性使很多学生遭受失败的打击,很多学生就此失去自信。德育就是要让学生看到希望,为他们的精神加钙,为他们提供精神动力。

对学生来说,他们内在的学习动机是非常重要的。一个学生有了强烈的内在学习动机,在学习上就会自动自发,自然可以学得更好。我们教师不经意间的一个眼神、一句语重心长的提示、学生失意时的鼓励、学生成功时的祝福,都可以给学生以强大的精神动力,这就是德育的魅力。

电视剧《平凡的世界》里有这样一个细节,孙少平的《红岩》一书曾被老师没收,但是老师把书还给他时一个鼓励的眼神,对他产生了很大的影响,让他进一步对阅读产生了感情。

同样,在培养学生良好的习惯和性格方面,德育也是可以大有作为的。我们的学生如果拥有诚实、勤劳、正直、勇敢、热情、开朗等性格和各种良好习惯,他们就拥有了阳光心态,就能乐于助人,敢于承担责任。

在当前高考和中考压力依然存在的情况下,学校和教师要有所作为,应该实现"教育要转型,教师要转身"。桐庐县分水高级中学作为一所名不见经传的农村学校,勇于探索,敢作敢为,实现了"华丽转身"。他们围绕德育这个中心,通过提高教师的德育水平,认真抓好各项德育工作以及体育艺术工作,以德促学、以体促学,走出了一条可持续发展的路子。事实上,学生的责任心强了,身体健康了,那么,他们的学习成绩还会不好吗?

我们可以这样理解,"德育促学"是基于对教育规律的尊重,通过为学生营造良好的成长氛围,增强学生的学习责任感,从而更好地促进他们的学习。

"以德促学"不是糊在墙上的口号,而应该转化为实实在在的行动,关键在于学校管理者和教师是否有更大的耐心、更大的勇气去追寻育人的真谛,为学生的健康快乐成长提供一方晴朗的天空。

提升教师自身的德育能力

近年来,《好妈妈胜过好老师》这本书的销售量不断创新高,成了出版界的热门话题。这本书自2009年出版以来,到2014年底,已先后印刷70多次,发行量超过600万册,成为名副其实的超级畅销书。这本家庭教育著作的畅销,却在无形中让教师被贬低了一回,真的是躺着也中枪。

一、教师"躺枪"的警示意义

尽管《好妈妈胜过好老师》一书中也特意说明,取这样的书名,绝不是想在好妈妈和好老师间进行比较,只是为了突出家庭教育的重要性,因为这一点往往被忽视。但是,客观上随着《好妈妈胜过好老师》一书的流行,以及《好爸爸胜过好老师》《好父母胜过好老师》等跟风书充斥书市,对教师的确造成了一定的负面影响。实际上,好妈妈、好爸爸是家庭教育,好老师是学校教育,对于孩子的健康成长而言,这两种教育都是不可缺少的。而且这两种不同性质的教育,本来就是无法进行直接的比较的。

"好妈妈胜过好老师"的观点对学校教育提出了严峻的挑战,值得教师警醒。当然,"好妈妈胜过好老师",指的不是学科教学方面。因为在学科教学方面,年级越高,教师在学科教学上的话语权就越大。"好妈妈胜过好老师",可以理解在育人方面,家长不逊于老师了。

《好妈妈胜过好老师》一书的流行,也意味着家长更加重视自身素养的提高。现在有些教师对提高自身的学科教学能力比较重视,但是对如何提高自身的育人能力缺乏应有的关注。有些教师往往对学科教学类的书刊比较关注,而对与育人相关的书刊则不闻不问。从教师德育专业化的角度来说,教师没有大量的相关阅读是不行的,因为德育的内涵极其丰富,很多德育的话题是与时俱进的,并考量着教师的教育智慧。

二、德育理论成教师短板

陕西师范大学龙宝新博士在其2014年8月出版的《教师专业成长力研究》一书中指出,在当下的教师培训中,抹杀教育理论的学习、藐视教育理论的功能、怀疑教育理论的可靠性,已成了当下教师教育系统蜕变降格、实践效能萎靡不振的实在原因之一。这一论述的确击中了当下教师培训中重器轻道的现实。自然,教师在德育理论上也是存在较大的"亏空"的。

在德育专业化的趋势下,教师应该更多地阅读德育类和综合教育类的书刊。

像《班主任之友》《班主任》《德育报》之类的刊物,不仅适合班主任看,也适合全体教师看。同时,教师如能多关注《教育时报》《教师博览》《教师月刊》《师道》等综合教育类报刊的话,那么就是从"学科阅读"走向"开放阅读"了。这样,教师就能跳出学科教学的局限,更好地从教育的高度来审视自身的教育教学行为了。这样的阅读,可以让教师对德育的现状和优秀教师的经验有很好的了解,从而提高自己的德育能力。

当然,教师还应该多阅读一些德育类著作,提高自己的德育理论素养,让自己的德育工作走出经验的窠臼,用科学的德育理论来指导自己的德育工作,让自己对自己的做法能"心里有谱",不再是摸着石头过河。

目前这样的著作还是挺多的,既有高校德育研究者的专著,也有一线优秀德育实践者的著作。

的确,我国的中小学教师在德育实践中非常注重"器",即具体的操作技术,比如《班主任兵法》之类的图书的盛行就是一个很好的例证。其实,"道"比"器"更重要,如果教师能主动学习一些德育理论,让自己的德育实践有章可循,这样,教师就能更好地优化自己的教育行为了。

檀传宝教授在《走向德育专业化——学校德育100问》一书中,提到了"苏霍姆林斯基的教育思想""马卡连柯的平行教育思想""美国品德教育思想""体谅德育模式"等八种德育流派。在介绍这八种德育流派的时候,都列举了我国中小学德育实践中的具体事例。然而,令人遗憾的是,这八种德育流派都是国外的。这也说明我国原创性的德育理论研究的缺乏,在实践中忽视德育理论的引领。

2012年,全美国最佳教师奖获得者、《第56号教室的奇迹》作者雷夫来中国讲学,受到热捧。不少人对他的班级管理的"道德六阶段论"做法甚为欣赏。其实,这并非雷夫的原创,而是他很好地运用了科尔伯格的德育理论。可见,德育工作如能科学运用德育理论的指导,是能事半功倍的。

三、教师应自觉追求德育能力提升

"人人都是德育工作者"是学校教育中的一句口号,但事实上,一些刚刚走上工作岗位的新教师,缺乏必要的德育意识和德育能力,甚至会因为自己的不当行为给学生带来不良的示范作用;某些中老年教师,虽然教育经验丰富,但跟学生之间存在较深的"观念鸿沟",他们较难理解今天学生的想法,因而师生之间较难进行良好的沟通。"人人都是德育工作者"要真正落实,还需要全体教师的共同努力。

教师德育能力的高低,跟教师自身的德育理念、德育方法等紧密相关。目前，在学校德育方面的校本培训中，主要是采用了新老结对的方式，学校安排工作经验丰富的班主任担任年轻教师的班主任工作的指导老师。在这方面，经验的传授固然重要，但是，有些资深班主任在德育理论方面自身也是缺失的，他们往往也是凭经验办事。因此，对于一些年轻教师来说，除了实践中的拜师学习，自身还要在德育理论方面进行大量的阅读，这样，才能更好地弥补校本德育培训的不足。当前，对于很多教师来说，缺乏德育方面的阅读相对而言是一个软肋。

目前，定期开展德育研讨活动的学校也不多。一些民间的网络德育研究共同体倒是承担了这样的功能，比如浙江班主任群，就吸引了全省各地数百位班主任参与。通过持之以恒的阅读来提升自身的德育能力，并有意识地参与一些相关的学习共同体，是教师更好地应对德育专业化挑战的一条切实可行的路子。

让"自己人效应"助建和谐师生关系

2013年第24期的《人民教育》在盘点年度教育时,刊发了《重建师生关系》一文,文中提到2013年发生的一个悲剧:江西临川二中的学生因为手机被没收而杀了班主任。2014年,类似的悲剧继续上演。广东开平初三学生谢某为了报复小学老师对他"留堂太多",连捅老师十余刀。这些悲剧的发生不得不让人思考现阶段师生关系存在的问题。按理说,师生之间是相互成全的美好关系,而不应该异化为现在这种模样。

在理想的状态下,师生之间应该是亦师亦友的关系,师生之间无条件地相互关爱、彼此信赖,建立起一种珍贵的友谊。教师作为学生的重要他人,还会对学生的价值观和人格的形成产生重要的影响。但在今天,师生关系从某种程度上来说已发生了"变异"。有研究显示,在师生互动中,师生冲突是最基本的形式。不过,教师是师生关系的主要建构者,如何构建平等、民主的和谐新型师生关系,教师是可以大有作为的。

在处理师生关系的过程中,教师如能利用好心理学上的"自己人效应",则可能起到事半功倍的效果。"自己人效应"是人际交往中有意施加影响的技巧,是指对"自己人"所说的话更信赖、更容易接受。所谓"亲其师,信其道"。笔者觉得建立和谐的师生关系,教师要在以下三个方面有所作为。

一、站在学生的立场说话

教师要让学生感觉到自己是他们中的一员,就需要站在学生的立场,多为学生考虑,让学生感受到老师是真心实意为他们着想。这样,教师可以让学生感到老师是属于他们"一伙"的,把老师当成他们的"自己人",这样,就拉近了师生间的心理距离。

这一点,考量着教师的说话艺术。即便是批评学生,也要让学生感受到教师是为他们在考虑,从而在一定程度上化解他们对教师批评的抵触心理,进而能接受批评。

因此,教师需要摒弃"良药苦口利于病,忠言逆耳利于行"的观点,对学生说话时要有"良药不苦,忠言顺耳"的艺术,这样,就不会让学生在接受批评时有一种内在的排斥心理。

教师能站在学生的立场讲话,时间长了,就能让学生更好地接受自己。学生把教师当作自己人了,"自己人效应"就慢慢形成了,教师的话,学生自然就更爱听了。

二、和学生拥有共同语言

教师了解学生的兴趣爱好,和学生有共同语言,这样,才能让学生更进一步感受到教师和自己的"近距离","自己人效应"才能凸显。

现在的孩子是在电子网络文化、大众消费文化的怀抱里长大的,是数字时代的原住民。我们教师虽然也置身于同一个社会,但与他们的世界终究存在隔膜。这样,我们跟他们之间往往很少有共同的语言,自然也就很难走进他们的内心世界。以网络游戏为例,它不仅仅是学生娱乐的工具,同时也是他们人际交往的重要话题。不然,学生在人际交往中就很难融入相应的圈子。学生的爱好也与他们的群体归属感有一定的关系。

当然,我们每位老师不可能都去体验网络游戏,但这毕竟给我们一种思路,那就是我们首先得知道学生喜欢什么,这样才更有利于开展自己的工作。教师不能在学生面前一开口就数落网络游戏的种种不是,否则学生的心门就永远向你关闭了。

"要了解学生,就要先关注他们喜欢什么。他们喜欢玩游戏,那我也一定去玩一玩,看看到底是什么地方吸引他们了,这样做工作更有针对性。"这是一位管理班级卓有成效的班主任所说的话。"你可以不和他有同样的兴趣,但你要主动接纳他们的兴趣。"这样才能搭建起与学生沟通的桥梁。

三、对学生进行积极的关注

学生是非常在意他人尤其是老师对自己的评价的。教师恰到好处的表扬是激励学生努力前进的"重要推动力"。当学生表现突出或有进步时,教师的一句表扬,能让他们有如沐春风的感觉。当学生遇到挫折时,教师的一句安慰同样会让学生感到温暖。每个人都不希望自己被忽视,何况老师更是学生的"重要他人"。如果教师一直不关注学生的进步或者退步,双方之间就会有隔膜,不利于和谐师生关系的建立。

作为教师,要巧妙利用好期望效应,让学生在自己的积极期待下更快地成长。学生如果切实感受到了教师对自己的期待,就会从内心深处把老师当成自己人,怎么还会跟老师对着干呢?

教师的关爱要让学生懂,让学生认识到教师在感受他们的情绪,在接纳他们的不同观点,在维护他们的自尊。学生一旦认为老师和自己是站在同一战线的,自然就更能接受老师给自己的建议,也就不好意思去违反纪律了。

好的关系胜过好的教育,教育学其实首先是关系学,建立和谐的师生关系是教育的必要条件,教师要成为理想师生关系的构建者和积极推进者。很多教师都认为自己是爱学生的,但是自己的关爱必须要让学生感受到,否则的话,你的爱就如东流水,一到大海就无影无踪了。尽管教师是师生关系的主要构建者,但对于师生关系质量评价的主动权却在学生一方。当学生真正感受到并理解教师的关爱,且乐于回报这种关爱的时候,和谐的师生关系的建立就水到渠成了。

做好德育常规工作

教学要遵循教学常规，这对每一位教师而言并不陌生。比如说，如何备课、如何上课、如何布置作业、如何开展教研活动等等，这些都属于教学常规的范畴。各级教研部门和学校对教师的教学常规的落实都非常重视，并加强督导工作。当然，教师自身也是注重教学常规的落实的。其实，德育工作也应该有其常规。

一、正视德育常规的意义

在教师德育专业化的过程中，教师具有德育常规意识是非常重要的。教师只有有了德育常规意识，才能对德育的整体工作有谋划，更好地落实各项德育工作，并有针对性地提高自己的德育专业化水平。

做好德育常规工作，就是对德育工作中要做的各项工作有清楚的了解。对于什么是德育常规工作，檀传宝教授在其新作《走向德育专业化——学校德育100问》中就德育要做好的常规工作以问答的形式进行了详尽的阐述。"营造良好的德育环境""了解学校德育管理工作"等都属于德育常规工作的范畴。从该书的篇幅来看，有关德育常规活动的内容占了将近2/3，足见德育常规工作的重要性。

从檀传宝教授列举的德育常规工作来看，德育工作的范畴还是非常广泛的。在中小学德育工作实践中，即便是班主任，他们上岗前接受的相关培训并不多，上岗后德育专题培训也不多，有些年轻班主任甚至连自己要做些什么都不是很清楚，他们往往是跟着身边老班主任的步伐行进的。因此，在教师德育专业化的趋势下，加强德育常规意识，并以此作为自己的努力方向，在实践中提高德育能力，应该成为广大教师的自觉追求。

以制订"班级公约"为例，在现实中，很多班级的"班级公约"都是从网上下载，适当修改一下而已，大致相同，缺少个性。有些"班级公约"甚至全部内容都是约束学生的日常行为的，让学生不敢越雷池半步。在这样的班级氛围中，学生心情的压抑可想而知。网上曾曝出成都某中学的雷人班规：旷课一节学生自愿捐2桶水费。这其实是学生犯错罚款的一种变种。当然，班规的制订要充分发挥学生的主体性和民主精神，但是毕竟学生的认知水平有限，他们所提出的想法看似可行，却并不一定符合教育教学规律，因此教师必须起好引领和把关的作用，绝不能借口这是学生的民主行为而为自己推脱。

诸如引导学生制订科学合理的"班级公约"这样的工作，就是德育常规工作之一。这样的德育常规，应该为每一位教师所熟知。

二、切实提高德育实务能力

"学生打小报告该如何处理？""如何引导学生合理追星？"等等，都是德育常规工作中的具体实务，或者说是德育常规的具体细节，都需要教师去关注和应对。如果教师对这些问题都能游刃有余地解决，"全员育人"就不再是"神话"。现实中，我们也发现，很多任课教师在处理学生的问题时，不是积极地想办法解决，而是动不动就请班主任。这样的做法一方面让学生看到你的"黔驴技穷"，继续跟你对着干，不利于师生关系的和谐；另一方面也会加重班主任的负担，不利于和班主任之间建立和谐的关系，难以发挥班级全体任课教师的团队精神。

如果每一位任课老师都能做好一些德育常规工作，那么班主任恐怕就不会这么累了。

三、发挥教师团队的合力

笔者认为，定期或不定期召开班级例会是发挥班主任和全体任课教师合力的有效方式，也是提高全员德育常规意识和增强德育工作能力的有效途径。班级例会，可以有以下两种方式。一是班主任主动邀请，班主任安排全体任课教师参加，并邀请学校行政领导参加，会诊班级德育工作情况；第二种是学校行政预约，由学校安排具体的班级召开班级例会，班主任安排全体任课教师参加。这样的班级例会形成制度后，就能更好地提高任课教师对德育常规工作的熟悉程度，有利于发挥教师间团队协作的育人力量。

现实中，教师特别是班主任在面对各类德育实务问题时，大多是依靠自身的经验，或者向身边的同事求助，因此，在处理学生可能碰到的困惑时，就缺乏预见性，有一种"头痛医头脚痛医脚"的味道。其实，德育工作是有规律可循的。面对德育常规工作，我们每一位教师都应该做一个有心人，多留心优秀班主任和优秀教师处理相关问题的细节，并有针对性地学习一些德育常规，多学习一些德育案例，让德育常规成为自己的常识。有不少德育专家和优秀班主任在此方面进行了积极的探索，并提供了一些经验供我们借鉴。比如檀传宝的《教师德育专业化读本》、张万祥的《今天怎样做德育——点评88个情景故事》等著作，可以让我们更好地了解德育常规工作，并提高开展德育常规工作的技能。

重视德育常规，统筹安排德育工作，提高处理德育实务的能力，教师就能在德育专业化的道路上走得更远。

让主题班会课更有魅力

对于教师尤其是班主任而言，上好主题班会课，是自身在德育方面的一项基本功。但在现实中，主题班会课并没有真正发挥其在立德树人方面的作用。有些是因为教师认识不足，有些是因为教师能力不够。让主题班会课更好地回应时代的需要，充分发挥其作用，应该成为教师德育专业化的一种硬实力。

一、主题班会课存在的不足

1. 主题班会课经常"变脸"

每周一节班会课列入中小学课表，但是，如果问学生对主题班会课的评价，不少学生会感到茫然，因为主题班会课对他们而言是陌生的，他们自然不知道该如何评价。那么，课表上的每周一节的班会课去哪儿了？现实中，主题班会课经常变脸，有的变成了班主任的批评课，有的变成了自习课，有的被语文、数学等考试学科瓜分了。当然，有时候，班主任也会根据学校的要求让学生看看相关的录像。那么，主题班会课"变脸"的原因是什么？是班主任对主题班会课不重视？是班主任缺乏上好主题班会课的能力？是学校在这方面的要求不高？现实中，这些原因都是客观存在的。而值得我们关注和思考的是主题班会课经常变脸的现实。

2. 主题班会课过于"表演化"

《班主任》杂志 2013 年第 9 期刊发了华中科技大学刘长海博士的《班会课要走出表演化误区》一文。这篇文章对当下主题班会课中过于追求表演的完美，投入大量时间准备的现象进行了深入反思。的确，在现实中，这种现象还是比较普遍的。两位学生担任主持人，各种节目轮番上阵，整节主题班会就像是场精心彩排的晚会。过于追求现场的表演，对主题班会课究竟要达到什么样的效果，却缺乏应有的关注。事实上，有些主题班会课并不适合学生主持，比如跟心理健康活动课差不多的体验感悟型的主题班会课，比如有思辨性质，需要进行价值引领的主题班会课，学生是担当不了主持人的角色的。这种性质的班会课，精彩的节目表演并不一定有助于教育目标的实现。因此，走入表演化误区的主题班会课必须停一停，厘清思路后再出发。

3. 主题班会课的内容需与时俱进

只要我们留意一下当下学校中在开展的主题班会课，往往会发现内容较为单一，安全教育、感恩教育、法制教育等最受关注。当然，这些内容也是需要的，但是仅有这些内容是远远不够的。主题班会课在选题的时候要针对学生的需要，能帮助学生解决实际困惑，这样的主题班会课才是受学生欢迎的。另外，主题班会课的内容要贴近时代发展的需求，有助于学生更好地认识和了解社会，让学生能切实体验主题班会课对自己的帮助。

从主题班会课的研究情况来看，全国著名班主任工作专家丁如许老师大力倡导"魅力班会课"。不过，从魅力班会课的相关著作出版到现在已有好几年的时间，对魅力班会课仍没有明确的定义。从目前出版的魅力班会课的相关案例来看，有些内容还是比较陈旧的，缺乏时代性。因此，如何在主题班会课的内容上做到与时俱进，是主题班会课必须要面对的。

二、主题班会课要直面现实的需求

1. 直面信息时代带来的问题

在当下这个信息社会里,学生面临着很多现实的问题。比如说沉迷网络、手机依赖,成为低头族。这对学生的健康成长带来了很多问题。因此,主题班会课要直面信息时代带来的问题。从某种意义上来说,教师设计主题班会课要有"用户思维",要真正帮助学生解决实际问题。

教师如何在主题班会课上就这些问题进行高水平的引导,而不是简单地说教,这对教师的教育智慧提出了更高的要求。

2. 直面学生进行价值观的引导

现在,整个社会价值观迷失,学生自然也受到影响。而中学时期是学生人生观、世界观、价值观形成和确定的重要时期。2014年,社会主义核心价值观的24字表述正式公布。教育部也明确要求中小学开展社会主义核心价值观教育"三进"活动。在主题班会课上,如果班主任能结合社会热点问题,对学生进行价值观的引领,这对落实立德树人的教育根本任务是大有裨益的。因此,班主任如能利用班会课对学生的价值观进行引导,这是有价值的。

3. 帮助学生提升学习力

客观地说,现在学生的学习动力不足,学习兴趣不浓,这是一个普遍存在的问题。2014年公布的浙江省基础教育质量监测报告明确指出,学生学习内驱力不足是亟须关注的一个现实问题。当然,学生学习内驱力不足只是学生学习力不足的一个表现。

学生的学习力不仅关乎学生当下的学业成绩,也关系到学生的终身发展。帮助学生提升学习力不仅是主题班会课的应有主题,也是有效提高主题班会课魅力的方式之一。通过主题班会课帮助学生制订学习规划,加强时间管理,提升学习的品质,可以让学生感受到主题班会课带给自己的实惠,从而发挥德育促进教学的作用,更好地落实德育工作。

三、改进主题班会课的策略

1. 巧借信息技术手段提升主题班会吸引力

在笔者所在学校某次"共话家风"的主题班会课上,班主任把家长请到了"大屏幕"上,与大家零距离,让家长们谈谈他们对家风的认识和对孩子的期望,给学生们带来了很大的震撼。

现在,课堂教学应用信息技术手段已较为普遍,其实主题班会课在这方面也是大有可为的。比如可利用学生身边的照片呈现,观看针对性的视频,利用QQ群进行现场对话等。

2. 引入社会热点问题

在主题班会课上,引入社会热点问题可以激发学生的参与热情。比如,"时间去哪儿了"成为2014年的十大网络流行语之一,而且登上春晚的那首同名歌曲也非常有影响力,结合这样的热点,对学生进行时间管理方面的教育,则能很好地激发学生的参与热情。再比如,利用"美丽中国建设",开设"美丽班级建设"主题班会;利用家风热,在主题班会课上探讨家风和我国优秀传统文化,效果更佳。

3. 教师要有在场意识

教师尤其是班主任,要更新观念,重新认识主题班会课,成为主题班会课的总设计师,全面提高自己上好主题班会课的能力。

现在,不少班主任在主题班会课上以培养学生能力为理由,自己当起了"甩手掌柜"。放手发动学生,培养学生能力,这固然重要,但是对于有些不适合学生来主持的班会课,班主任应该有"下水"的勇气,当仁不让地承担起主持班会课的重任,更好地发挥主题班会课在促进学生成长中的作用。

正确建立与家长的和谐关系

现在,很多教育行政部门有公开的局长信箱或局长热线,专门用来接受社会各界对教育系统的监督。在局长信箱或者局长热线中,有不少是家长的来信或来电。涉及具体学校或者教师的投诉,教育局就要转给相关的学校要求答复。一般来说,班主任或者任课老师和家长的关系处理得比较好,一般不大会有家长投诉;相反的,那些被家长投诉的教师,往往是没有处理好和家长的关系。

一、正确定位与家长的关系

教师要赢得家长的信任,必须处理好与家长之间的关系,以更好地发挥家校协作的力量,这是教师必须掌握的一项基本功。在对学生的教育上,家长和教师的目标是一致的,这样双方就成了同一战壕里的战友,是名副其实的同盟军。但在现实中,有些教师和家长的关系弄得很僵。有些家长对教师也比较挑剔,他们动不动就行使自己的"投诉权"。但同样的做法,在某些班级会被家长投诉,在另一些班级却不会,关键还在于班主任与家长的关系是否处理得当,是否赢得了家长的信任。

教师必须尊重家长,切勿在家长面前摆出一种居高临下的姿态。前几年,《中国教育报》曾刊发过《不要随意传唤家长》一文,很发人深省。有些年轻的教师,面对比自己年长不少的家长,说起话来盛气凌人,很让人受不了。学生家长出于对老师的尊重，即使老师态度差了些，他们表面上不会计较，但心里自然会产生抵触情绪。在与家长沟通时，教师要让家长感觉到教师是在关心他的孩子，是在想方设法一起教育好孩子，而不能一味在家长面前数落孩子的不好。否则的话，容易造成学生讨厌教师，家长也不买账的后果。

二、客观了解家长的期望

今天的家长对孩子接受优质教育的愿望非常强烈，他们对教师的要求也更高。同时，家长的观念也多元化了，有些家长并不很看重孩子的分数，而是关注孩子的综合素质。因此，教师应多与家长沟通，了解家长对孩子的期望和要求。著名班主任万玮在一篇文章中提到，他曾对某位家长说："你的孩子现在数学能考85分左右，还是很有潜力的，稍微努力一把就能考到90分的。""我的孩子考85分就够了，没有必要为多考几分花费太多的时间。"该家长的回答让万玮很吃惊，也引发了他很多的思考。如果碰到类似的家长，教师不顾家长的实际期望，硬要把学生的分数提上去，反倒是出力不讨好。

现在的家长整体文化程度有了较大的提高，有些家长对教育的理解并不逊于教师。而一些教师一心扑在学生的分数上，视野相对比较狭窄，往往会失去在家长面前的话语权。如果家长对教师的水平不敢恭维，自然就不会信任教师了。

三、努力提高家校沟通的技能

无锡市蠡园中学在家校沟通上的做法值得我们借鉴。该校非常注重和家长的沟通，早在2003年就设立了"家校合育处"。2006年该校开始"选班制"改革，对初一新生的分班不考虑学生的学业成绩因素，而是在对学生的学习情态、学习习惯、学习能力和学习成绩进行综合调查分析后，让家长在学校指导下选班，学校并开出了自主学习班、学力强化班、英语强化班和微机助学班等班级类型供学生及其家长选择。该校充分尊重家长的权利,由家长来选班的做法得到了家长的支持和响应,家长被学校彻底"搞定",成为学校改革的最有力支持者。可见,"搞定"家长对于学校是多么重要,对于班级同样也如此。当然,学校和教师赢得家长的信任,这是"搞定"家长的前提。

前些年"5+2=0"的观点十分盛行,该观点认为学校5天的正面教育,往往抵不过2天的家庭和社会负面教育。其实,这个观点并不客观。且不说家庭教育和社会教育也有正向的一面,如果学校教育能对家庭和社会的负面教育起到积极引领的话,那5+2绝对不会等于0,说不定还会大于7。要使5+2发挥积极的作用,就必须建立和谐的家校关系,教师真正赢得家长的信任。教师赢得了家长的信任,家长也能更好地配合教师的教育要求,这样自然就能发挥家校合力的作用了。

因此,教师要提高与家长沟通的技能,在沟通中加强相互理解和信任。这一点,很多青年教师是比较欠缺的,需要有意识地加以改进。优秀班主任郑英每年都会用心给每位家长写封信,她用真诚赢得了家长的信任,家长都非常支持她的各项工作。

对于家长反对的呼声,教师一定要听听。《新华每日电讯》曾刊发过一篇《家长反对教师给家长布置作业》的文章。现实中,特别是小学的教师往往已经形成了这样的习惯,学生的作业要让家长检查后签字,这其实给家长增加了不少负担。

学会向家长借力,应该成为教师的自觉追求。当然,在这个过程中,教师需要付出真情和智慧,从而赢得家长最给力的支持。赢得家长的大力支持,教师在教书育人的道路上会走得更加顺畅,走得更加自信。

让德育更具文化味

《当升学率比拼慢慢退却,下一个竞争会是什么?》,2015年1月,浙江省教育厅官方微信刊发了这样一篇文章。的确,这个问题是很值得每一位教育人思考的。这个问题的答案是"文化"。随后,《教育时报》"管理版"也转载了这篇文章的核心观点。

近年来,校园文化建设越来越受到重视,浙江省教育厅把校园文化建设作为2015年的重点工作之一。校园文化建设,既是学校文化建设的重要组成部分,也是学校德育工作的重要内涵。

加强校园文化建设,校长有在学校层面上的考虑,班主任和任课教师也可以有自己的着力点。让德育具有文化味,这是班主任和任课教师都可以有所作为的地方。做好这方面的工作,并不会给大家增加太多的负担,关键在于要有这方面的意识。笔者以为关注以下三个方面可以让德育具有文化味。

一、巧用传统节日弘扬传统文化

现在,弘扬中华民族优秀的传统文化已越来越受到重视,这也是社会主义核心价值观教育的重要内涵。2014年3月,教育部印发了《完善中华优秀传统文化教育指导纲要》,对学校开展传统文化教育提出了进一步的要求。

我国的春节、清明、端午、中秋、重阳等传统节日蕴含着丰富的传统文化内涵，我们可以充分开发这些传统节日的育人资源，让学生通过了解传统节日，了解传统节日中所蕴含的传统文化。早在2006年，笔者所在的学校就依托传统节日，让学生对春节文化、清明文化、端午文化、中秋文化等有了很好的认识，既丰富了学校的德育活动内容，也大大激发了学生对传统文化的热爱之情。

在大力推进传统文化教育的今天，如何充分利用传统节日开展好相关活动，更好地弘扬传统文化，显得更为重要和迫切，值得班主任和其他教师认真探索。2015年羊年春节之后，《新华每日电讯》《光明日报》等媒体都对"年味"进行了关注。教师可以结合媒体热点，趁热打铁，对学生开展相应的教育。

客观地说，在传统文化方面，很多教师也是先天不足。因此，要想做好优秀传统文化的布道者，教师首先要有补课的意识，这样才能更好地利用传统节日来弘扬传统文化。

二、巧用大型活动弘扬团队文化

一般学校每年都会开展不少大型活动，比如田径运动会、歌咏比赛、新年会演等。这些活动其实不仅仅是活动，更是校园文化建设和班级文化建设的有效载体。比如，学校田径运动会上的入场式，往往是展现班级风貌的好机会，能极好地凝聚班级人心，形成班级合力。笔者观察了好几年所在学校的运动会入场式，在入场式上表现精彩的班级，其班主任往往在班级管理上很用心。类似这样的机会，其实是弘扬班级团队文化的大好时机。

比如，学校举行的大合唱比赛，也是各班大显风采的好机会。有些班级把这样的事情当作班级的大事，如设计个性化的班级统一服装，服装上打出与歌曲主题一致的标语等。这样的场景，对学生而言可能是一辈子都难以忘怀的。一次大合唱,就是一次凝聚班级精神的好机会。

很多学校会举行迎新年文艺会演,要求每一个班级出一个节目。有些班主任嫌麻烦,就随便安排唱歌好的学生上台。而有的班主任则是充分利用这样的契机,发动尽可能多的学生参与,使之成为全班学生的事。

学校开展的大型活动,都是加强班集体建设、弘扬团队文化的契机。因此,班主任不应嫌麻烦,而是要充分利用这样的契机,使这些大型活动成为弘扬团队文化的载体。

磨刀不误砍柴工。班级凝聚力增强了,学生的团队意识增强了,他们为班级集体争光的意识自然就会迸发,学习的热情自然也会上涨,这也是德育促进教学的具体体现。

三、巧用社团活动弘扬特长文化

近年来,教育行政部门和各级各类学校越来越重视学生的社团活动。社团活动对培养学生的个性、释放学生的潜能很有帮助,同时还可以为有某项兴趣和爱好的学生结识更多志同道合的小伙伴提供机会,有助于学生的终身发展。班主任要大力支持学生参与各类社团活动,并指导学生处理好学习和参与社团活动之间的关系。

社团活动的广泛开展,也是落实因材施教的具体举措。不过,在现实中,不少家长怕孩子参加社团活动会耽误学习,因此反对自己的孩子参加社团活动。有些班主任自己也不支持班里的学生参加社团活动,使得一些社团的负责老师招不到好的成员而叫苦连天。

事实上,学生根据自己的兴趣爱好参加一些社团活动,并不会影响他们的学习成绩。笔者所在学校的"三模"社团很受学生欢迎,这些学生在参加社团活动的时候都玩得津津有味。一些学生在参加各级比赛中获得了优异的成绩,进一步激发了他们的自信。不少学生把这些自信迁移到学习上,不仅没有影响文化课的学习,甚至在原有的基础上有所进步。这样,这些学生的校园生活就更加丰富。

在当下竞争性学习机制下,总有些学生会成为考试场上的失败者,有些学生甚至因此而破罐子破摔。让这些学生参与自己喜欢的社团活动,其实也是打开了另一扇让他们赢得自信的门。

作为班主任,一方面要大力支持学生参加各类社团活动,并做好家长的思想工作;另一方面,也要创造合适的机会,让各类学生有一展特长的机会。

4.
让自己更有"研究味"

研究是促进教师专业成长的有效途径,这一点已经从很多的先行者身上得到了验证。对大多数教师而言,不必在乎自己离"研究型教师"这个名号究竟有多远,而要在乎如何能让自己过上一种有研究味的生活,通过研究来改进自己的工作,丰富自己的生活。

教师的研究虽然谈不上高精尖,但也要提高技术含量,学会寻找自己的研究点,善于借助科学的研究方法,提升自己的理论自觉,让自己的研究远离变味。

教师可以在适宜的研究中体验研究的魅力,享受研究的快乐,并让自己的职业生活因为研究的注入而变得更加丰富多彩。

教师应增强研究意识

教师成为研究者的提法，随着我国第八次课程改革的推进而逐渐深入人心。不过，在现实中，不少教师并没有把研究作为自己的专业生活方式，他们或者对研究冷眼相看，或者被动地参加研究，而内心对研究是抵触的。

在当下的学校语境中，教师研究往往被窄化成课题研究。不可否认，现在中小学校中，为课题研究而开展课题研究的现象还是较为常见，大家忙着申报立项和结题评奖，而对课题的研究过程相对淡化，而且课题研究往往随着一纸获奖证书或一声叹息而戛然而止。

有多少教师真正在课题研究中获益，得到成长，这个理应得到关注的环节，在学校功利性的教育科研运动中往往被选择性忽略了。有些学校有很多高级别的课题获奖，但是学校中很多教师并没有融入到课题研究的大潮中去。在一些学校，课题研究成了少数人的游戏，成了学校里某些"笔杆子"的专利。这样的课题研究，自然是小众的，是与广大的教师群体有隔阂的。在大多数教师眼中，研究无非就是学校的门面和点缀，跟自己没什么关系。

当然，有些学校非常重视教育科研工作，他们在"教育科研是第一生产力"的思想指导下，倡导"研究全员化，人人做课题"。从某种程度上说,这其实也是一种教育科研的"大跃进",虽然表面上看起来红红火火,但是很多教师处于"被研究"的状态。学校缺乏必要的管理机制,只是要求教师在规定的时间上交研究成果。不少教师在需要上交相关成果的时候,随意下载一些资料,拼凑一下应付了事。这样的形式化的研究也加剧了大家对研究的反感,认为研究就是那么回事,是务虚的,是形式主义。

对教师来说,只有研究自己的实际问题,用来改进工作,提升自我,这样的研究才真正有魅力。只有教师自己有研究的意愿,学校进一步搭建平台,这样才能真正促进教师的研究。前不久,笔者参加区教科所组织的德育个人小课题指导会,其中有一位教师提到一个现实问题,说自己班里有两个学生容不得别人比自己考得好,如果别人考得比自己好,会反复检查比自己考得好的人的试卷,希望能找出漏洞,把他们的分数减下来。该教师就把如何转化这两位学生扭曲的竞争心理,并引导全班学生树立健康的竞争意识作为自己的研究课题。这样的课题研究,既有助于这位班主任解决现实中碰到的困惑,又有助于提高自己的班级管理水平,是项针对性极强的实用课题。这样的研究,是教师自身非常感兴趣的,在研究过程中也会很投入。

教师的研究不一定是正儿八经的规范的课题研究,也无须在意课题的级别,不一定要采用所谓正规的课题研究的形式,也并不一定要形成什么研究成果。只要在研究中对自己有所启发,让自己有所提升,就是有效的研究。

笔者作为所在学校推进教师阅读的具体负责人,就把如何有效推动教师阅读作为自己的研究内容。六年来,没有申报任何级别的课题立项,但是形成了不少成果,在《教师博览》《中小学德育》《师资建设》《学校品牌管理》《教育时报》《浙江教育报》《中国教育报》等多家报刊发表了相关的经验文章，也应邀开展了30多次有关推动教师阅读的讲座。学校推动教师阅读的做法也成了学校的特色，笔者多次代表学校在省市校长培训班学员来校蹲点学习时介绍相关的经验。笔者自身也完成了推动教师阅读的专著《教师阅读力》，出版后在当当网等购书网站上热销，并被《中国教师报》《现代教育报》《教育时报》等10余家教育媒体推荐，还入选中国教育新闻网和《中国教师报》联合评选的"2014年影响教师的100本书"。这也说明接地气的研究成果是很受教师们欢迎的。

郭元祥教授在《教师的20项修炼》一书中把"教师的研究"作为其中的一项修炼，并称之为教师的专业发展必由之路。他认为："教师要对自己所从事的教育工作领域保持经常的关注。如果你从事教育教学管理、德育等工作为主，那么学校管理、德育就是你应该经常关注的领域。"对学校中层以上管理人员来说，如果对自己分管的领域中大家所关注的热点和难点问题、别人在这方面取得的成绩都一无所知，是很难把自己的工作做好的。可见，无论是一线教师还是学校管理人员，都可以依托研究把自己的工作做得更好。

厦门市教育局副局长、特级教师任勇著有《研究让教育更精彩》一书。他在《中国教育报》上发表的一篇文章中提到，他从一名普通的师专生成为一名特级教师、教育局副局长，原因有很多，但很重要的一条是进行了教育研究。

他自身在研究的状态下工作，取得了不少成果。因为研究，他的班级管理上了台阶，数学教学成绩显著；因为研究，他在学校管理方面走向了科学化、制度化、人文化，学校得到了长足的发展；因为研究，他到了教育局后，能迅速地把握所分管工作的规律和要求，不断占领分管领域的制高点，不断跃上教育发展的新平台。任勇老师在担任普通教师、校长和教育局分管副局长的不同阶段，研究的重点不同，但相同的是通过研究,把各项工作都做得更好。

我们教师应该有强烈的"研究意识",把教育教学工作自觉地纳入研究的轨道。任勇老师的研究经历告诉我们,学校中的研究领域是很广泛的,学校管理、班级管理、学科教学等方面的现实问题,都可以成为研究内容。

只要我们有了这样的"研究意识",我们就和研究"零距离"了。当然,光有"研究意识"还不够,关键是要通过"下水"实践,扎扎实实地开展研究,在研究中提升自我,提高教育教学效果。

教师的研究如何远离"变味"

教师的研究必须远离"变味",走向"有味"。如何让教师的研究从"变味"走向"有味",让研究真正实现它的应有之义,应引起我们的关注和思考。

我们经常呼唤教育要回到原点,教师的研究同样也要回到原点再出发。教育科研固然有装点学校门面的作用,但也可以为教师的职称评审和名优教师评选增加资本,这是教育科研除了促进教师、学校、教育发展之外的另一实用价值。教育科研的真正价值和原点在于通过研究提升学校的办学水平,促进教师的专业成长,更好地为学生提供优质的教育。也只有这样,才能让教师认同教育科研、参与教育科研、享受教育科研,让教育科研发挥其应有的作用。

教师做研究,关键在于"做了什么,收获了什么",在于研究能否跟自身的教育教学结合起来,能否改进自身的工作,能否促进自身的成长。如果仅仅是为了研究而研究,而没有跟自身的工作有机地结合起来,这样的研究其实是"变味"的。

教师的研究要从"变味"走向"有味",需要关注以下三个方面。

一、结合自己的工作,不为研究而研究

教师的研究,要立足自己的工作,为改进自己的工作而研究。人大

附中刘彭芝校长在文章中也明确提出过类似的观点。这说明,中小学教师需要研究,但关键在于做什么样的研究。

北京十一学校李希贵校长在其新著《面向个体的教育》一书中关于教师业绩评定的方法,从另一个侧面很好地阐明了教师研究应该追求的价值。他认为,教师的业绩应体现在学生的成长上,教师发表的论文、获奖的课题则是教师学术素养的体现。如果教师的研究不能转化为育人的水平、教学的能力的话,这样的研究是不接地气的,跟教师的职业成长是没什么关系的。当然,教师在学校中有不同的分工,我们可以把业绩理解为教师在自己的岗位上取得的成绩。如果一个总务主任对学校的后勤管理非常有研究,发表过多篇文章,而他所在的学校的后勤管理工作很糟糕,相信大家是不会认为这位总务主任是优秀的,反而会认为他不务正业,夸夸其谈。

教师们可根据自己工作岗位的侧重,开展教学、德育、管理等方面的研究。有些教师走上学校管理岗位后,抱怨因为事务性工作,导致自己在教学和研究上都碌碌无为。在这里,要避免认识上的误区。在学校管理方面也是可以有很多研究可做的。比如教务主任、德育主任可以从更高的层面来研究教学管理、德育创新,而不仅仅只有在课堂中才可以做研究。这样的研究,同样可以改进自己的工作,形成学校某方面的特色和品牌。比如笔者负责学校教师专业刊物征订,有意识地把这项工作作为"微研究",整体上把握本校教师订阅专业刊物的情况,分析教师订阅专业刊物与教师专业成长的关系,向教师们推荐优秀专业刊物,有效地推进了这项工作,自己也从这项看似无聊、枯燥的工作中收获很多。笔者先后在《中国教育报》上发表了《让教师乐为专业报刊买单》,在《中小学数学》上发表了《教育期刊与教师专业成长》,在《浙江教育报》上发表了《教育刊物促进教师专业成长》,把工作中的具体探索变成了可视化的文本成果,也在很大程度上推广了学校的做法,扩大了学校的影响,取得了多方面的效果。

二、根据自己的力量,研究不贪大求全

每位教师各自的研究能力、研究基础、研究兴趣各不相同,每人所擅长的研究领域也不同,因此,在做研究的时候,要量力而行,不要贪大求全。事实上,各类教科规划课题不是人人都能做的,也不是人人都可以有所作为的。因此,教师做研究时,不要盲目追求课题的级别,也不要在意课题是否立项,而是开展适合自己的研究即可。当然,随着自己研究实力的提高,可以走多元化的研究之路,在各类规划课题和草根研究中自由行走。

研究从自己身边做起来,根据自己的实力,从解决自己身边的教育、教学和管理问题着手,这样的研究更有针对性,更有生命力。比如如何提高习题讲解的有效性,如何发挥黑板报的综合育人效应,如何提高教师参与集体备课的积极性等。

三、瞄准自己的目标,做扎扎实实的研究

在当下的课题研究中,形式主义倾向并不少见。这跟教育行政部门对学校的考核、学校追求门面思想等多方面因素有关。但具体到教师的研究,如果跟风走这样的路,是得不偿失的。如果教师也是为研究而研究,相信很快就会对研究失去兴趣,会降低研究在他们心目中的地位。教师的研究,应该瞄准自己的目标,开展扎扎实实的工作。教师的研究重在研究的过程,让教师获得成长的力量。其实教师的研究,即便最后没有形成可视化的文本成果,教师自身获得成长同样也是可喜的。

只有教师心中有自己的目标,并瞄准这个目标开展扎扎实实的研究,才可以让研究更好地成为自己的生活方式。这样的研究才能真正促进教师的成长,才是可持续发展的。

如何寻找自己的"研究点"

正如矿工采矿要找到"矿眼",记者写稿要找到"新闻点",教师研究也应该找到自己的"研究点"。这样,教师才能在日常的教育教学工作中更好地用研究的眼光去看问题,在研究中改进工作,提升自我。那么,教师如何找到自己的"研究点"呢?这是值得有志于教育研究的教师思考的。

一、在自己的工作实践中找到"研究点"

教师的研究不是为了创造概念,而是为了改进工作,提升自我。因此,教师的研究要基于自己的工作实践。这样,教师在工作实践中碰到的困惑或者想形成的亮点,就可以成为自己的"研究点"。可见,在教育教学工作中,教师都可以结合自身的实际,找到自己需要的"研究点"。有了"研究点",教师的研究就有了中心,就可以围绕这个中心,开展实实在在的研究,在研究中破解现实困惑,形成特色亮点。

现在的教育面临着很大的变局,教师在工作中会碰到很多现实的挑战。以班主任工作为例,只要用心,就很容易找到有价值的"研究点"。比如班主任面临本班学生沉迷电子媒体的现象,如何让学生学会合理使用电子媒体,做好这些工具的主人而非奴隶。又如班主任如何发挥好班级博客在促进班级凝聚力中的作用,进一步加强班集体建设。再如,现在很多家长都用上了微信，如何让微信发挥在家校沟通中的作用，也是很值得研究的。这些教师工作实践中碰到的现实问题，都是很好的"研究点"。

张天雪等著的《教师身边的教育科研》一书中提出了很多研究视角，如"从学校变革中进行研究""从课程开发中进行研究""从日常教学中深入研究""在德育创新中进行研究""从班级经营中进行研究""在参与学校管理中进行研究"等，都是教师可以进行的身边的教育科研。这也充分说明，在教师的日常工作实践中，是有很多"研究点"的，只要我们留意，就可以找到自己的"研究点"。

二、在各类培训研讨中找到"研究点"

教师经常要参加各类培训和研讨，只要用心参与这些活动，教师也能从中找到自己的"研究点"。有时候，培训者不经意间的一句话，或许就会引发你的思考，引起你的强烈关注。比如教研组的观课议课活动，在大家的交流中，激发你去尝试一下新方法的愿望。这样，就让自己进入了一次自觉的微研究状态。特别是有些学校承办的区、市级教研活动，那些上展示课的教师经过精心准备的课，会给大家带来新的启发，也更加容易让教师找到"研究点"。

在笔者参加的某次关于如何成为优秀教师的培训中，培训教师讲了美国教师汤普逊和学生泰迪的故事，并发出"你能成为学生心目中最有学问、最棒的教师吗？"的追问。一个小学五年级的教师，她在学生心目中的地位，并没有随着学生年龄的增长、水平的提高而变化，这真的是值得我们思考的。为此，笔者就教师在学生中的地位展开研究。其实，在学生的成长中，教师是他们的重要他人，重要他人是有正向和负向之分的。汤普逊老师是泰迪成长过程中的重要他人，她在关键时刻给泰迪的关爱成为他后来奋发有为的精神动力。在学生面前，教师的一言一行往往都具有教育意义。自己是带给学生不竭的精神动力,还是带给学生致命的打击,往往会通过师生交往中的一些小事来体现,但教师很多时候并不能及时地意识到。我国著名作家毕淑敏曾写过《谁是你的重要他人》一文,讲述了她小学时代因被一位音乐教师羞辱而带来的长时间的困扰。但是,那位小学音乐教师自己没有想到自己的这一举措会给学生带来如此的痛苦,如果她知道的话,也应该会避免这样的行为。可见,教师不能忽视自身的"重要他人"效应带给学生的影响。于是,我又查阅了很多资料,对心理学上的"重要他人"效应在教育中的意义有了更深刻的认识,并写下了《你想成为学生心目中的何种重要他人》,发表于《师资建设》。

三、在阅读与思考中找到"研究点"

阅读,可以让自己对教育的热点问题和学科的最新动态有清楚的把握。这样,可以更好地审视自己的日常教育教学工作。比如,笔者曾在《中小学管理》上读到《从专业发展到专业表达》一文,"专业表达"一词给了笔者很多的启发。的确,在现实中,教师的专业表达被忽视了。笔者对这个问题产生了浓厚的兴趣,并查阅了很多资料,对专业表达对教师专业成长的重要意义有了深刻的认识,并发表了好几篇相关的文章。

《中小学心理健康教育》上的一篇《从心理建设一词想到的》,让笔者对引导学生积极参与心理教育有了更理性的认识,并形成了一系列的思考。笔者更加关注积极心理健康教育,注重在教学中发挥学生的积极作用,让心理健康教育变得更有"幸福味"。笔者撰写的《积极心理学视野下"幸福课"的实践与探索》获得宁波市一等奖,并发表在《中小学心理健康教育》杂志上。的确,在阅读与思考中,有时候不经意间的一句话、一个观点,就能点燃自己心中研究的火花,来更好地改进自己的工作。

阅读会带给自己更多思维上的碰撞,帮助自己了解学科和教育上的最新动态。在此基础上结合自身的教育教学实践,形成"研究点",走出研究的新路子。阅读,既是促进教师专业成长的重要途径,又往往成为一项研究的新起点。可见,当自己找不到研究点的时候,不妨在阅读中找找灵感。

"不知道研究什么",这是很多教师远离研究的一个理由。其实,只要我们用心,在我们的工作现场,在我们参与的培训和研讨活动中,在我们的阅读和思考中,都有无数的"研究点"等待我们去挖掘。我们应该说的是,找准适合自己的研究点,找准自己需要的研究点,开展踏踏实实的研究,真正过上一种研究的生活。

在研究中学会研究

正如"在战争中学会战争""在改革中学会改革"一样,中小学教师的研究不能光说不练,只耍嘴皮子功夫。研究首先是做出来的,做得好才能写得好。闭门造车形成的研究报告是不接地气的,做这样很"水"的研究没有真正的价值,只能是"劳民伤财"。

教师的研究既不能神秘化,也不应随意化。教师应该在研究中学会研究,在研究中提高研究水平。只有这样,教师才能真正在研究中受益,在研究中享受成长的快乐。

一、提高自身的"理论自觉"

与高校研究者从书本到书本的理论研究不一样,中小学教师的研究主要是基于实践,着眼于改进实践,促进自身成长,而不是制造概念,进行理论创新。因此,中小学教师最主要的研究方式往往是行动研究。但是,教师的行动研究不是自娱自乐式的盲目行动,而是要自觉寻求理论的指导,为行动研究导航。在现实中,不少教师正是因为忽视研究中的理论指导,导致研究缺乏一定的高度,缺乏了研究的味道。有了理论武装的行动研究,才可以走得更远,并能取得更好的效果。

因此,教师做研究,必须牵手理论。教师除了学习相关的教育理论外,不妨看看《教师怎样做课题》《今天怎样做教科研》《教师身边的教育科研》等教育科研指导方面的著作，提高自己的教育科研理论水平，掌握实际的应用方法，让自己对研究的整体过程有清楚的了解。这样，可以少走弯路，避免一些常识性的错误。在研究中，多学习有关研究的理论，提高自己的教育理论水平，进一步提升自身的"理论自觉"，这对于教师的成长是很有帮助的。教师一旦对教育理论有了兴趣，便会增强理论学习的自觉性，能更好地用理论来指导自身的实践。同样，有了理论支撑的研究会更给力。客观地说，现在的中小学教师还是比较忽视理论的学习，以研究为契机，亲近理论，提升自身的"理论自觉"，是一条切实可行的教师成长之路。

二、增强研究的"操作规范"

目前教师所开展的研究，主要可分为没有名分的草根研究和参与各类规划课题研究两类。

草根研究，其实是教师的一种自助式的研究。在当下，草根研究是大多数教师可以进行的研究。这样的研究，没有什么形式上的要求和约束，教师自身有充分的自主权。但是，教师的草根研究也应该追求"档次"，可以借鉴一些课题研究的程序，让自己经历一次完整的研究过程，在过程中习得研究的方法，让自己的研究有日程表，有紧迫感，能坚持到底。一般而言，学校的各类集体课题和个人课题，因为上级科研部门有相关的规范要求，往往都能按照预期完成研究任务。教师的草根研究如能形成一定的规范，则能加强自我约束，避免半途而废不了了之。

教师的草根研究，如果遵循一定的研究规范，从制定目标、确定研究方案、选择研究方法、检索文献、实践探索、撰写研究报告等亲身体验一番，这样就算是经历了一次真正的研究。对于教师而言，有了这样的全程体验，就可以在草根研究和规划课题研究中自由行走，能在研究上独自挑大梁了。这样的方式，对于实现教育科研的全员化，是很有意义的。

研究不再是少数教师的专利，而是真正成为大家都可以参与的一种专业生活方式。

因此，教师在研究中，要增强研究的"操作规范"意识，让自己对研究的全过程有更清楚的认识，真正发挥研究过程对自身成长的促进作用。

三、巧借他人的"研究智慧"

教师的研究，不能靠一个人独自战斗。在研究的过程中，教师要善于借助专家的指导，汲取同行的智慧，以提高自己的研究水平，为自己的成长添加养分。

教师如果自己在做研究，那么参与教育科研方面的培训也会更有积极性，会把培训中的相关知识与自己的研究结合起来，提高自己的研究素养。现在，许多学校进行课题研究往往会请教科专家进行指导，也会把这样的指导和教师的教育科研培训结合起来，以提高全校教师的科研素养。如果教师自己不做研究，往往会以被动的心态参与这样的培训，从而错失提升科研素养的机会。

各级教育科研部门也会借助课题研究，对参加研究的教师进行培训。以笔者所在的区为例，对于市、区两级立项的德育个人课题，区教科室会组织集体开题论证，为教师提供手把手的研究指导。在专家对其他课题研究进行点评的时候，教师不妨认真听一听，对自身的研究也会有一定的启发。教师如有这样的机会，与教科专家面对面，让专家"问诊"自己的研究，对提高自己的研究水平是很有帮助的。

对中小学教师的研究来说，过程比结果更重要，教师的成长就是在过程中实现的。当然，教师只有参与研究，才会在各种研究的过程中得到成长。

在研究的过程中，教师也要经常关注自己所研究领域的相关成果，这样可以使自己的研究少走弯路，并带给自己新的研究思路。

提高研究的技术含量

教师的研究虽然谈不上"高精尖",但也不能瞎折腾,必须要有一定的技术含量,这样才能提高研究的实效,更好地发挥研究的作用,更好地享受研究之乐。

一、善于利用文献检索

教师的研究,虽然是为了改进工作,提升自我,但也决不能坐井观天,独自战斗。教师的研究,完全可以在他人已有的研究上进行,这样可以进一步明确自己的研究方向,提高研究的效果。教师在研究中,学会利用期刊网检索资料是非常重要的。有些教师习惯于问道"度娘",这在研究中是远远不够的。通过"度娘"找到的资料往往参差不齐,而且很多有质量的研究成果并不是通过"度娘"可以找到的。

在研究中,教师要养成熟练使用"中国知网""维普资讯""万方数据"等期刊网的技能。在这些期刊网中,中国知网的功能最为强劲,除了收录期刊发表的文章外,还收录了主要报纸上发表的文章和学位论文。目前,中国知网收录的《中国教育报》等报刊上发表的文章都是免费下载的。另外。在中国知网上查到相关的文章,不妨把标题在百度上搜索一下,因为有些作者会把自己的文章放到博客上,这样按图索骥,或许能找到有价值的资料。

有一点必须引起教师们的重视,即大家对常见的教育综合类刊物和自己学科的主要刊物要有所了解。被中国知网收录的期刊并不一定都是品质有保证的,有的只是近乎随便汇编的类似于论文集的刊物,属于出钱就能发的,发表在这种刊物上的文章自然没多少参考价值。尽管现在有研究者呼吁"以刊论文"并不合理,即不能机械地用刊物的级别来判断论文的价值,但教师在选择参考文献的时候,还是要考虑它从哪里来,绝不能被看起来很美而品质差的文献迷糊了眼。因此,教师对常见的教育刊物要有所了解,这样才能让自己具有敏锐的鉴别力,选择合适的参考文章。

有专家认为,中小学教师在教育研究中不善于借助文献资料,有的人甚至没有文献资料研究的意识,这对教师的研究造成的影响是显而易见的,主要表现为"理论偏弱""重复性偏多""创新性偏少"等。如何借力文献资料为我们的教育研究服务,提高教育研究水平,是值得教师们关注的。

二、掌握常用的研究方法

教师的研究虽然不需要刻意追求研究的身份和级别,做自己需要的,但也不能率性而为,也需要采用科学的方法,这样才能使自己的研究具有科学性,走正研究的路子。教师要掌握最常用的一些研究方法,来提高自己的研究质量。

对教师的研究而言,教育观察法、调查研究法和案例研究法是最常用、也是非常实用的方法。

教育观察法,是凭借自身的感觉器官和其他辅助工具,在教育活动的自然状态下,对研究对象进行有目的、有计划的考察与研究的方法。比如现在比较流行的课堂观察就是教育观察法在实践中的运用。对教师而言,自身就是处于教育研究的田野中,在使用教育观察法上有着天然的优势。

调查研究法,主要通过设计调查问卷和访谈提纲,获得研究所需的第一手资料。调查研究法对教师也是很合适的。不过,如何设计科学规范的调查问卷,这是课题研究中的一个很重要的技术活,需要用心去掌握。

案例研究法,其主要任务是揭示个案形成的变化特点和规律以及影响个案发展的原因,并且提出相应的对策。案例研究是教师专业成长的阶梯,可以通过一个个具体翔实的案例来解读教育教学中的问题,提出化解问题的方法,提高自我反思能力,切实提高教师的实践智慧。

三、提高总结提炼的水平

教师的研究,到一定时候,需要对成果进行一定的提炼。不过,对研究成果的提炼,是不少教师的短板。笔者参加过不少课题的中期和结题指导,发现不少教师的汇报材料缺乏必要的总结提炼,看起来像是工作总结或工作汇报,缺乏课题研究的味道。

有科学价值的经验总结一般要经过教育经验事实的积累、筛选和理性提炼这三个阶段。第三个阶段在教师的研究中占有十分重要的地位,如果教师在这方面的能力不强,研究的整体水平自然也会受到影响。

因此,教师要学会使用课题研究的术语,善于从具体的材料中提炼出具有一定研究味的观点,这样在扎扎实实的研究的基础之上,也会形成"高大上"的课题研究成果。课题研究的成果最后是需要用文字表达出来的,这个课题研究的"最后一公里",是非常值得引起关注和思考的。

教师可以多关注一些获奖课题的研究报告,看看获奖的研究报告在成果的提炼上有什么特点,好在哪里,自己在总结提炼时又可以注意些什么。

教师提高总结提炼水平,有助于让自己的研究走出去,提高研究的影响力,并进一步激发自身参与研究的热情。

提高研究的技术含量,可以让教师的研究更具"科学味",可以让教师在高质量的研究中加快自己成长的步伐。

成为有"研究味"的教师

现在,倡导教师不做"教书匠"、要做研究型教师的呼声很强烈。不过,究竟什么是研究型教师,目前也没有定论。毫无疑问,研究型教师应该具有强烈的研究意识和较高的研究水平。笔者此前也在某医院的院报上看到"不做开刀匠,要做研究型医生"的倡议,可见研究是专业技术人员提升专业水平的重要途径。

《中国教育报》2013年对"做研究型教师"进行了重点关注。自2013年1月23日首篇文章《教师成为研究型教师为什么那么难?》刊发后,在全国教师中引起了强烈的反响。此后,《中国教育报》又陆续刊发了《成为什么样的研究型教师切实可行》《研究型教师并非高不可及》《通向研究型教师的务实之路》等文章。这些文章也显示,目前我们对研究型教师的定位存在偏差,对于什么是研究型教师也缺乏共识。

其实,对教师而言,能不能戴上"研究型教师"这顶高帽并不重要。正如现在呼唤教育家办学,但理论界和实践界对教育家的要求又非常高,很少有人敢自称是教育家。同样,对中小学教师而言,根本不需要在乎有没有"研究型教师"这个头衔,关键是能不能把研究作为自己的生活方式,在研究中促进自己的成长,做一个有"研究味"的教师。那么,如何让自己更有"研究味"呢?以下三点非常关键。

一、坚持在研究的状态中工作

教师应增强自己的研究意识，能用研究的眼光去看待日常的教育教学行为。教师首先要认同自己研究者的身份，这样自己就会有意识地用研究的眼光去看待自身日常的教育教学行为。其实，在教师的日常教育教学工作中，有很多问题值得自己研究。教师最适合做的就是自己身边的研究。比如说如何提高学生的学习动机，如何激发学生上课的参与热情，如何提高集体备课的质量，如何发挥好微视频的作用等，这些都可以作为我们研究的对象。因此，坚持在研究的状态中工作，用研究的眼光来看待自身的教育教学工作，就能让自己成为一个名副其实的一线教育教学研究者。

二、具有强烈的问题意识

一个有了强烈问题意识的教师，善于在实践中发现问题，在此基础上研究问题，并努力解决问题。如果没有问题意识，就很难发现一些值得研究的问题。2014年4月，笔者应邀给浙江省嵊州市的名班主任培训班学员作了题为"班主任应提高主题班会课'执教力'"的讲座。对主题班会课的研究，其实是笔者在熟视无睹中发现的一个实用课题。笔者在校内外观摩了多次主题班会课，留意到这样一个现象：无论是学校组织的主题班会课观摩还是班级开展的主题班会课，基本上都是学生主持，大多类似一台小晚会。问题是，在班主任专业化的情况下，上好班会课应成为班主任的一项基本功，那么班主任应有主持班会课的能力。

这样，笔者就带着这个问题和宁波市中小学德育研究会会长张骏乐老师进行了交流。他也深有同感，并提到了一个针对性的例子。2009年1月在成都市举行的"全国首届主题班会课对抗赛中"，一节题为"拥有一颗诚信的心"的主题班会课就采用了学生主持的形式，整堂课不管学生对诚信的解读出现什么疑问，都依然根据预设按部就班进行，结果由于学生的疑虑得不到解决，分歧得不到统一，一堂课就热热闹闹地走了个过场。而另一节关于亲子沟通的主题班会课，教师全程主持，能及时对课堂上出现的困惑进行指引，这节课就获得了大家一致的认同。

于是，笔者和张骏乐会长一起对这个现实课题进行了研究。在研究过程中，笔者还发表了《班主任应提高班会课主持能力》《警惕假班会》等文章。笔者个人申报的德育个人小课题"提高初中班主任班会课主持能力的研究"获得了宁波市第三届德育个人小课题一等奖。《德育报》2014年3月在"创新秀场"栏目对宁波的做法进行了推介。

其实，笔者只是在日常的班会课中发现班主任缺位的现象，对这一问题产生了兴趣，对此进行了研究，并取得了一系列的成果。在这个研究过程中，笔者所在的学校也申报了"时代精神映射下的初中魅力班会课构建的研究与实践"的宁波市教科规划课题，有效引导班主任提高班会课主持能力。这样，笔者的这项研究还对改进学校的德育工作起到了作用。

尽管"问题即课题"的说法存有争议，但是一个教师如果有了问题意识，则能更好地开展研究，这是毋庸置疑的。

三、坚持把读书写作作为生活方式

教师的研究离不开阅读和写作，把读书和写作作为自己的生活方式，就可以让自己处于学习和反思的状态中。可以说，阅读和写作，既是教师研究的有机组成部分，也是提高自己研究水平的有效方式。阅读既可以拓宽视野，还能激发自己的灵感，会对自己原有的认知结构进行一定的冲击，让自己对一些问题产生新的看法，对司空见惯的现象产生新的认识，从而成为自己研究的起点。写作，是教育研究成果的表达方式，同时也是研究必不可少的一个环节。写作，有助于进一步理清自己的思路，澄清自己的认识。同时，教育写作的成果的发表或者获奖，也会进一步激发教师的研究热情。

可以这么说,把读书写作作为自己的生活方式,教师就几乎形成了研究的生活方式。教师的研究,把实践、阅读、反思、写作有机地融合起来。因此,要做一个有研究味的教师,坚持读书写作是必然的选择。

做一个有"研究味"的教师,说难也不难,关键在于持之以恒。一个有"研究味"的教师,在长期的坚持中成为研究型教师也是水到渠成的事。

在小课题中做出"大学问"

2013年9月至11月,《中国教育报》共分6期刊发了河南省郑州市教育科学研究所研究员胡明远的"小课题研究系列"专栏。该系列文章对小课题研究的意义、实施方式、注意事项等进行了具体的阐述,对广大一线教师更好地开展小课题研究具有很强的指导意义。

小课题指的是教师个人承担的研究课题,主要是与各类规划课题中的集体课题相区别,具有周期短、灵活性强的特点,与教师的教育教学实践联系更加紧密。不过,媒体上和教育科研部门所指的小课题,往往都是指纳入教育科研管理部门管理的各级小课题,具有一定的局限性。

小课题也有很多"马甲",比如南京市叫个人课题,有些地方叫微型课题。南京市是全国开展个人课题最有影响力的城市,南京市教科所自2004年就开展个人课题研究,南京市教科所原所长刘永和也在公开刊物上发表了不少有关"个人课题"的研究成果。《中国教育报》2010年12月29日以"风起云涌的南京'个人课题'"为题对南京市的这一实践作了整版介绍。此后不久,《中国教育报》2011年1月3日以"'小课题研究':教师快速成长的有效途径"为题,刊发了浙江省教科院方展画院长等人撰写的浙江省淳安县区域推进小课题研究的经验。

小课题或个人课题或微型课题,对教师个人开展的小规模课题究竟以何为称谓并不要紧,关键在于这类课题是促进教师专业成长的有效载体。

比如2013年浙江省优秀教育教学论文评选中,《合理编排座位,减少"后排"现象》获得了一等奖,并作为唯一的一篇范文在《浙江教育报》全文刊发。这篇文章是作者开展的一个德育个人小课题的研究成果,关注的是编排座位这样的小事。这样的小问题,居然还出了大成果,得到专家的认同并在全省推广。编排座位是每个班主任都要做的常规工作,可见,用研究的眼光去看待我们日常的教育教学工作,还真的能挖出"金矿"来。在研究的状态下,教师就会有很多新的发现,收获意外的惊喜。

不过,有一点值得注意,无论是南京的个人课题,还是浙江淳安的小课题研究,其背后都有当地教育科研部门的强力推动。这两地的个人课题和小课题,都是正儿八经的课题,纳入到当地教科部门的课题管理范畴。也就是说,这些课题都是有"户口"的,也是需要经过立项申报、结题评审等环节和程序的,只是课题研究的内容范围和承担的主体不同而已。教师个人随便玩玩的小研究,还并不一定能戴上这样的"高帽"。事实上,能真正有这样机会的教师也不会太多。比如浙江省宁波市已连续五年开展了宁波市德育个人课题的申报立项,前四届的评选结果也已经出来。一般而言,每所学校最多有2人能获得市级立项,有的学校可能颗粒无收。的确,教育科研部门通过开展个人课题研究管理,为教师提供了与自己适合的研究亲密接触的机会。不过,由教育科研部门纳入管理的小课题研究,数量毕竟有限,说起来是僧多粥少,能真正参与其中的教师也不多。

因此,教师对小课题的关注,不能只把眼光聚焦于那些有"户口"的。其实,开展小课题研究完全可以成为教师的一种专业生活方式,成为自我提升的重要推手。教师做适合自己的小课题研究,也不一定要在教育科研部门那里立项,不立项同样可以做出成果。从这个意义上来说,教师开展自助的草根式的小课题研究，是真正落实教育科研全员化的有效载体。这种形式的教育科研，应该是去功利的，注重实效的，教师主动参与，具有可持续发展性。教师在这样的研究中，在不经意间往往能尝到甜头，进一步激发自身参与研究的热情。

如2014年获浙江省优秀教育教学论文评选一等奖、并在《浙江教育报》全文刊登的范文是《让小学语文低段课堂动起来》。这篇文章的作者是一所农村小学的教师。这篇文章其实就是作者在日常的教学中，注重对提高课堂教学的趣味性和实效性的一种探索。论文大赛的评委，浙江省教科院方展画院长认为："这篇论文未必写得有多么好，但它只用了一个'动'字，就体现了对教育的探索，有一些新意。我们希望教师的论文能够落地，有一些论文纯粹讲道理，满纸都是'重要性'，没有讲'我怎么做'。"的确，中小学教师只要用心，在自己小小的一亩三分田里，也能挖出大宝藏来。从这篇文章获得好评来看，教师不论处在哪种类型的学校，都可以开展属于自己的小课题研究，只要做得精彩，就能赢得掌声。当然机会是属于有准备的人的，不是所有的教师都有这位农村教师这么好运，但是只要在研究中获得真东西，就有机会得到认可。

因此，对广大教师而言，有机会参与官方"钦定"的小课题研究固然是好，这样可以让自己在研究过程中参与相关的培训，得到相应的学术支持。但是自己做小课题研究，不追求立项和评奖，同样也可以做得有滋有味。自己在实践中碰到的困惑，自己感兴趣的话题，都是自己可以研究的对象。没有立项的小课题照样可以出成果，照样可以改进自己的教学，照样可以让自己成为有研究味的教师。

在研究中提升职业幸福感

教师的研究，既是促进自身专业成长的有效途径，也可以提升自身的职业幸福感。如果从提升职业幸福感的角度来看待教师的研究，那么我们更应该把研究作为自身的一种生活方式了。

近年来，教师的职业倦怠越来越受社会各界的广泛关注。早在2006年，《中国教育报》就连续用5个版面关注过教师的职业倦怠。近几年，多家教育媒体也曾多次关注过教师的职业倦怠和职业幸福的话题，可见这的确是一个广受关注的现实话题。由于教师职业的特殊性，教师是否能享受职业幸福，会在很大程度上影响学生的幸福。而且，与其他助人的职业一样，教师是最容易出现职业倦怠的群体。教师的职业生活具有重复性，与外界的联系相对较少，缺少必要的支持系统，如果自身不注意调节，就容易出现职业倦怠。教师一旦出现职业倦怠，那就难以享受职业幸福了。而积极参与研究，是教师化解职业倦怠、提升职业幸福的有效途径，值得大家去实践。

一、在研究中破解"新问题"

教育是面向未来的事业。如何应对未来的挑战，其实教师是没有现成经验的。教师不能拿以前的经验来教今天的学生去应对明天的挑战。教师面临着越来越大的压力，教师的工作面临着很多不确定性。现在的教师,在现实中,的确也遭遇了很多以前没有碰到过的新问题,往往是没有现成的经验可以借鉴的。

很多教师有着学生越来越难教的感慨,这是一个现实问题,无须回避。今天的学生所处的成长环境不一样了,作为数字时代的"原住民",他们的生活中有着很多比学习更有吸引力的东西。他们的视野更加开阔,他们获得信息的渠道也更多,而且成人社会的一些不良行为在他们面前也一览无遗。因此,教师如果还拿原来的"武器"来应对现在的学生,那么他在学生面前就没什么威力了。在今天,如何让学生服你,也成了教师的一个现实课题。因此,有研究者认为,研究具体的学生,应成为教师研究的主要内容,这是很有道理的。

教师面对"新问题"的挑战,牢骚和抱怨是没有用的。教师唯有用研究的态度来对待自身的日常工作,提高日常工作的研究含量,才能更好地在探索中破解工作中面临的"新问题"。

二、在研究中提高"新技能"

教师的研究具有不可替代性,有包产到户的性质,必须自己用心去做,才能取得成效,才能获得成长。比如教师的研究需要阅读大量的资料,有了大量的输入,经过自己的转化,才可能输出有价值的成果。这个过程是不能被代替的,必须由教师自己完成。同样,教师在这个过程中也能获得真正的成长。

今天的教师还面临着专业水平不高的现实境遇,而专业性是一个职业赢得尊重的必要前提。对教师而言,专业水平要体现在运用好教育学、心理学的知识,实现这些知识在教育教学中的转化上。教师实践性知识的获得和内化,是需要在教育教学的具体场景中完成的,其实,这也是一种实实在在的研究。教师在这方面的研究,可以切实提高自己的专业技能,帮助自己更好地完成教书育人的任务。

教师在研究中提升自己的专业水平,在研究中提高解决新问题的能力。毫无疑问,一个教师专业水平越高,越容易应对教育教学工作中的各种挑战,从而越能赢得职业的尊严,让自己更好地享受职业幸福。

三、在研究中过上"新生活"

教师做研究,是跟自身的教育教学工作紧密结合在一起的。如果不用研究的眼光去看待日常的教育教学工作,教师的职业生活的确是日复一日,严重缺乏挑战性。一旦教师的工作中增加了研究的含量,那么情况就大不一样了。因为,在教师教育教学实践中,有很多问题值得教师去研究。客观地说,研究是需要投入的,是有一定的挑战性的。正是因为有一定的挑战性和不确定性,研究可以丰富教师的生活,改变教师工作的重复性,多了更多的未知和期待。教师开展研究,必然要将阅读、反思、写作有机地结合起来,可以让教师的精神生活更加丰富。

研究,让教师有自己关注的领域,可以自得其乐。借助研究,教师可以参加各类研讨,扩大自己的交际圈子,结识更多的人。也就是说,研究可以让教师跳出原有的思维和交往的局限性,让自己生活在一个拓展的空间里。因此,过一种研究的生活,就是进一步扩大了教师生活的精神空间,让我们的精神成长多了很多的可能性。

教师做自己的研究,可以让自己在现实的逼仄的环境中多一份从容和淡定,多一点追求和探索,让自己拥有一方醉心其中的小天地。可以这么说,研究可以帮助教师过上一种"新生活",以抗击日常工作中的琐碎和重复,让自己的职业生活变得更加丰富。

因此,做真正的研究,过一种研究的生活,可以让教师在其中提升自己的职业幸福,帮助自己过一种幸福完整的教育生活。

《人民教育》2014年刊发的一篇文章指出,从事教育科研是一项增进教育附加值、让职业生涯变得更有意义的工作。这句话很值得我们思考。

5
教育阅读也是一门学问

在这个浅阅读盛行的时代里,理应成为读书人的教师在阅读上也泯然于大众。

在国家立法推动全民阅读的当下,教师如何在全民阅读中发挥领跑和示范作用,体现教师职业应有的担当,值得每一位教师深思。

在阅读上,教师应该有补课的心态,有意识地补上自己缺失的阅读。教师的阅读是职业性阅读,应该体现其专业性,通过阅读来提升自己的文化品位、职业品质。

对教师而言,读什么比怎样读更重要,并要形成合理的阅读结构,根据不同的需要,兼顾聚焦式阅读、稳定式阅读和长期式阅读,真正把阅读作为自己的生活方式。

浅阅读时代教师如何培养阅读习惯

2013年8月3日,《光明日报》刊发了《书摘》杂志社社长、主编邵文杰的《阅读时代：选择"方便面"还是"佛跳墙"》一文。这篇文章把电子阅读比喻为"方便面",把传统阅读比喻为"佛跳墙",仔细品来很有味道。

客观地说,我们正处在一个被"微"卷入的时代,有些人刚适应微博,微信就悄然而至。事实上,越来越多的事物被冠以"微"的名号,如微小说、微电影、微课堂、微研究等。在这样一个微时代里,"粉丝""关注""转发""@"等特有的关键词,仿佛形成了一种不可抗拒的"微力量",使传统阅读面临着严峻的挑战。

对今天这个"微时代"对阅读的影响,相关的专业人士是这样描述的：今天所说的"微时代",是一个现代高科技传播媒介极度发达的时代。我们每天都要面对网络这个大的综合媒介,还有众多附着在其上的小媒介（应用软件,APP）。这些媒介能够将我们试图通过传统"阅读"行为而获得的信息和思想,迅速转化为五花八门的文字图像、声音系统和动作影像,并且在我们眼皮底下不停地晃动。

尽管微时代给传统阅读带来了挑战,但是我们在融入这个微时代的同时,仍要坚持传统阅读。

一、坦然面对"浅阅读"

不能否认，新媒体阅读已经成为阅读的一种生态。

近年来，每年的世界读书日期间，中国新闻出版研究院都会公布上一年度全国国民阅读状况的调查数据。最近几年成年国民人均纸质书籍的阅读量总在4~5本之间徘徊，2014年为4.56本，比2013年还减少0.21本。但成年国民的数字化阅读方式的接触率呈持续增长趋势，2012年为40.3%，2013年为50.1%，2014年为58.1%，其中2014年的数字化阅读方式接触率首次超过图书阅读率。可以预见，当网络、手机、平板电脑逐渐成为方便、新颖的阅读工具时，国人的数字化阅读方式的接触率还会继续呈上升趋势。也就是说，会有越来越多的人爱上不需要太多思考、跳跃浏览式的、被业界称为"浅阅读"的阅读方式。

《现代教育报》2013年世界读书日期间进行了"浅阅读时代多少教师坚持深阅读"专题报道。采访中，老师们在回答该报调查的"您经常采用什么方式进行阅读"问题时，58.6%的教师选择平板电脑和智能手机，31%的教师选择网络，仅有10.4%的教师选择纸质类书籍。可见，"浅阅读"也成了很多教师的阅读方式。

"微阅读"时代的到来，恰好顺应了当下社会生活节奏快、工作压力大、闲暇时间少给人们精神生活带来的新变化——需要在间断的、短暂的时间中迅速获得有效的信息和足够的娱乐资源。微阅读已经成为我们的一种基本生活方式，这是一种非常正常的现象，我们需要坦然接受。

二、有效利用"微阅读"

既然我们进入了"微时代"，也不可避免地受"微阅读"的影响，那么，我们不妨化被动为主动，来有效利用"微阅读"。在信息化时代，"微阅读"作为获取信息和日常社交最便捷、最有效的手段，已经成为传统阅读的有益补充。

"我是把别人喝咖啡的时间都用在工作上了。"鲁迅先生的这句名言可以这么理解,他是有效利用了碎片时间。事实上,每个人都有很多碎片时间,魏书生老师把这样的时间称为"边角料时间",如果这样的时间不有意识地利用,就浪费掉了。如果我们把一天的碎片时间加起来,或许就是一段很长的时间。比如说排队时、候车时,都是碎片化的时间,如果利用手机或者IPAD看看有价值的资料,对自己而言就是一种积累。其实,现在不少微信公众号都会推送一些好文,利用这样的碎片时间,好好读一些好文章,就会有很大的收获。

客观地说,有时候屏读的优势很强,大屏幕的手机和迷你型的IPAD,作为移动阅读的工具,可以随身携带。如果自己用心的话,可以事先准备好相应的阅读材料,以备出门时利用碎片时间阅读,这样的效果会很好。笔者在网上看到好文章的话,会复制到印象笔记上,这样,在具备无线上网的条件下,这些文章就自动同步到手机和IPAD上,外出的时候可以很方便地浏览。

只要用心,"微阅读"同样也是一种有效的阅读方式。

三、静心享受"深阅读"

"微阅读",本质上并不是一种"阅读",而是一种"观看"和"浏览"。深阅读解决的是精神思考的问题,浅阅读解决的是信息的问题。

2014年上海书展的主题为"为价值搭台,向品质致敬"。在《人民日报》对本次上海书展的专题报道中,有《"微时代"更需要品质阅读》一文,很值得我们思考。尽管我们身处"微时代",但我们仍需读思融合的"深阅读"。这样的阅读,能更好地丰富我们的精神世界,给心灵充分的滋养。这也是尽管受电子书的冲击,传统纸质书籍仍将长期存在下去、继续为人们所青睐的原因。

对教师的阅读来说,不仅要阅读与教育有关的书籍,还要阅读提升精神素养的书。无论是关系教师专业成长的阅读还是提升精神素养的阅读,都不能是浮光掠影式的"浅阅读",而是需要静下心来,追求阅读的深度,让自己获得思想和智慧,享受一种更深邃的幸福。北大的陈平原教授认为品质阅读就是为自己准备人生的压舱石。

阅读必须回归人的大脑。只有充分调动人类的深度思维能力,才能超越新媒体技术带来的负面影响。不能让大脑成为思想的跑马场。为此,不少有识之士提倡一种更有利于增进人类智慧的"慢阅读"。这样的"慢阅读",自然就是一种品质阅读,是一种"深阅读"。当然,在这个时代,坚持"深阅读"更需要一种定力。

在这个"微时代",我们教师不能拒绝"微阅读",更要坚持"深阅读",要做到各美其美。

教师在阅读上如何"补课"

2014年9月,《上海教育》杂志用10页的篇幅对2014年上海市中小幼教师的阅读状况进行了聚焦。相关数据显示,81.8%的教师每天阅读时间少于1个小时,61.2%的教师在过去一年内的阅读量少于4本,86%的教师在过去一年订阅的杂志少于2本。教师不仅阅读时间少,阅读量低,而且阅读方式以浏览为主,精读不够。国内多家媒体对上海市这次教师的阅读状况进行了报道,又一次引发了公众对教师阅读状况不理想的担忧。

上海市的这次调查,由上海市教师学研究会牵头,联合上海市教育工会、中小幼教师奖励基金会等,对上海市17个区共48所中小学和幼儿园的3411名教师进行了调查。这是上海市第一次围绕教师读书状况在全市进行的一次大范围专题调查,也是国内第一次对教师读书状况进行如此大范围专题调查,具有样本容量大、调查结果客观等特点。

根据国家新闻出版研究院2014年世界读书日期间发布的消息可知,2013年我国国民的人均阅读量为4.77本。可见,教师群体与一般公众的阅读量并没多大的区别。

客观地说,现在教师阅读状况不理想是有多种因素的,但教师的职业性质决定了教师要比一般人更爱学习、更善于学习。因此,教师要在全民阅读中起好领头和示范作用。在阅读上，教师要有"补课"的意识，让自己很好地补上缺失的阅读这一课。

教师可以从以下三个方面有意识地进行阅读上的补课。

一、补学生时代错过的书

很多教师在学生时代阅读就不足，错过了与很多好书接触的机会，在整体阅读上要有"补课"心态。

不少教师也是在应试教育中成长起来的，学生时代没读多少书，走上工作岗位后自然也就没有形成读书的习惯。笔者曾听一位青年教师说，他中学时代基本上没读什么书，大学也没怎么读，走上教师工作岗位后也没有有意识地读，直到学校大力倡导教师阅读，才开始真正阅读。

朱永新教授认为，一个人的精神饥饿感应该在中学时代形成。教师有责任培养学生对精神食粮的饥渴。事实上，今天的教师，还承担着培养未来读书人群的重任，而鼓励学生读书的最好方法，是教师自身爱读书。

2012年3月，《中国教育报·读书周刊》刊发了杭外语文组教师给高一学生开出的书单。这份书单当时曾引起全国教师的关注，很多人认为这是一份理想主义的书单。杭外的这个书单分为经典散文、乌托邦与反乌托邦、生命哲学、自由精神、风骚传统、艺术美学、政治经济、宗教伦理等方面，书的范围可以说是包括古今中外。如梁文道的《常识》、陈平原的《北大精神及其他》、培根的《培根论人生》、柏拉图的《理想国》、乔治·奥威尔的小说《1984》、威廉·戈尔丁的小说《蝇王》、熊培云的《自由在高处》、王小波的《我的精神家园》等。

这份书单对我们教师的阅读有很大的启发。笔者跟不少各行各业的朋友交流过，他们都说其中的很多书没有看过。在这份书单里，有不少书能奠定一个人的精神根底，但是我们在求学时代没有碰上。因此，我们要做的就是"补课"工作。

2014年9月18日,"中国中学生基础阅读书目"在北京十一学校发布,该书目精选适合初中、高中学生阅读的文学、人文、科学经典图书各100种,采取"30+70"的模式,即选择30种基础阅读图书和70种推荐阅读图书,力求以此为广大中学生的阅读量"打底"。我们教师不妨去翻翻给学生看的书目,从中选择一些来为自己补补课。

二、补一些经典著作

自从把开展全民阅读写进十八大报告后,我国逐步进入了全民阅读时代。国家把全民阅读纳入立法轨道,把全民阅读写入政府工作报告,地方出台推动全民阅读条例,各地开展各类全民读书活动等,都在营造全民阅读的良好氛围。

现在,很多微信、微博都在推荐一些书目。比如《人民日报》的微博、微信推荐的必读的那些书。当然,这些书并不需要我们都去读,但是有些比较经典的著作,没有读过,的确需要补一补。原先,我们获得资讯的途径有限,现在则是有多种途径。比如《了不起的盖茨比》《白鲸》等,笔者也是通过各类推荐书单了解的。有些小城市和农村教师以前买书不方便,现在有了网络,在这一点上,差距是越来越小了。

从各种推荐书单中,我们可以了解哪些书属于经典。比如《人民日报》的微博推荐了50本值得一读再读的书,有《道德经》《围城》《活着》等。

又比如中国人民大学校长、浙江大学校长、复旦大学校长等推荐的《乡土中国》《平凡的世界》《中国哲学简史》《大数据时代》等也值得我们关注。

有些书在多份书单里都出现,说明认同度较高,为我们选书提供了一定的借鉴,比如《万历十五年》在很多书单中都出现过。如果教师在阅读上有"补课"的意识，可以有意识地去阅读这类书。

多阅读这样的经典，可以让教师回归文化人的角色。

三、补教育专业的书

《人大复印资料·中小学学校管理》2014年第10期转载《上海市班主任阅读状况调查》，这是国内至今唯一的大样本的关于班主任阅读状况的调研报告。这个调查显示，当下班主任在书籍上的阅读以文学类为主，报刊以休闲类为主，网络阅读以新闻类为主。这样的阅读倾向跟地铁上随便拉一个人没什么区别，严重缺乏专业性。研究者大力呼吁班主任的阅读要增强专业性。

笔者一直有一个观点，教师的阅读，一定要有专业阅读的量。虽然很多人都提倡教师要跳出教育看教育，不能只读教育类的书。但是，教师不读教育类的书，何以体现专业性？上海市的这个调查报告，是对当前教师专业阅读少的一个有力佐证。

因此，专业阅读不足的教师，需要在教育专业方面补一补。比如很多教师写文章时都会引用苏霍姆林斯基的一些名言，那么，究竟有多少人认真阅读过《给教师的建议》？

新近出版的一些教育方面的优秀著作，教师也应该有意识地关注，这样可以更好地了解当下中国教育的最新发展和同行在关注和思考的教育话题。

一个阅读面广、视野开阔的教师更能赢得学生的尊重。在教师知识权威已不复存在的今天，教师读书不能不如学生，阅读理应成为教师的自觉追求。在阅读上，一个有"补课"心态的教师，会走得更远。

让读书成为最便捷的拜师方式

2012年,全美优秀教师雷夫首度来华并进行现场演讲,在全国引起较大的反响。雷夫老师的现场讲演和他与中国教师的互动内容后集为《第56号教室的故事——雷夫老师中国讲演录》一书出版。大多数没有机会在现场聆听雷夫演讲的老师,通过阅读此书也能了解雷夫老师讲演的精华以及他和国内名师的互动情况。

一、读书"亲近"名家

很多老师非常渴望有近距离聆听名家讲座的机会,但是这样的机会往往可遇而不可求。不过,阅读可以弥补这样的缺憾。这些年,笔者阅读了很多教育名家的著作,与他们进行了精神上的"对话",让自己在名家的肩膀上站得更高,看得更远。

2008年,华东师范大学出版社曾经出版过朱永新、陶继新、陈玉琨、张文质、刘铁芳、钱理群、郑杰等10位教育名家的教育讲演录。阅读这些著作,就仿佛在聆听这些名家的讲座。当然,读过书之后再有机会聆听名家的讲座,或者听过名家的讲座后再去阅读相关的书,自然有更多的收获。

笔者阅读过朱永新的《过一种幸福完整的教育生活》、张文质的《教育是慢的艺术》、刘铁芳的《过一种形上的教育生活》这三本教育讲演录,后来又有机会现场聆听他们的讲座,之后再读这些书就有一种生命在场的感觉了。

二、读书"追踪"名家

读书就是到作者的精神家园串门,而且无须征得主人的同意。虽然现在通过网络可以很方便地查到很多名家的相关观点,但要系统了解一位名家的思想,最好还是去研读他的著作。

很多时候,当我们喜欢上某位教育名家后,就会持续关注他的著作。郑杰的《给教师的一百条新建议》给了笔者很多的启发,后来就喜欢上了他的书,凡是他的著作基本上都读了。

近年来,国内出版社先后出版了日本教育家佐藤学的《学校的挑战——创建学习共同体》《教师的挑战——宁静的课堂革命》《学校见闻录——学习共同体的实践》等著作,笔者都在第一时间购买了。通过阅读佐藤学教授的系列著作,笔者对他的教育思想有了全面的认识,并对当下日本的课堂教学现状有了理性的思考。佐藤学教授可谓把研究做在课堂上的国际一流教育学者,我们可以从他在教育现场的记录和感悟中获得很多启发。近几年,佐藤学教授来华讲学的次数较多,但是绝大多数教师是没有机会去现场感受的。阅读他的最新著作就是一种替代性的近距离接触。

三、读书"结识"名家

在当下这个网络社会,读书还可以起到拓宽人际交流面、结识教育同行的作用。最近几年,笔者既阅读了很多好书,也以书为媒,结交了不少朋友,受益良多。

全国著名特级教师闫学的《教育阅读的爱与怕》帮笔者推开了教育阅读的大门,让笔者走上了教育阅读的道路。因为阅读,笔者也结识了闫学老师,并且请她来到学校与全体教师作交流,帮助更多的教师推开教育阅读的大门。而且，笔者还与闫学老师成了QQ和微信好友，有了更多的交流。

读了优秀班主任郑英的《班主任，你可以做得这么有滋味》，笔者对这位曾连续七年当了两个班的班主任的同龄人充满了敬意。以书为缘，我们在网络上联系比较多，成了朋友。2013年暑期，她也来笔者所在学校为全体教师作了讲座，引领大家做"有滋味"的教育人。

中国青年报资深记者李斌的《把学校交出来》让笔者重新回顾了以往自己关注过的一些教育热点，也从另一个角度对教育有了认识。由于笔者和作者是同龄人，于是我们通过网络有了更多联系，笔者有了困惑就会向他请教。比如，2014年，国内诸多主流媒体对北京十一学校进行报道后，也出现了一些质疑的声音，笔者知道李斌多次深入十一学校采访，于是就向他咨询有关问题，使自己对十一学校的改革有了更理性的认识。

江苏王益民老师的《高品质学校的生长要素》让笔者对学校管理有了更深层次的认识，也让自己知道，有些事情可以做得更好。由于自己在学校从事的具体工作跟王老师很接近，看到书中自己感兴趣的话题，就在网上向王老师请教，让自己明白了不少原先模棱两可的问题。可见，读书既可以拓宽视野，增长见识，也可为自己增加交往提供新途径。

在这个网络社会，读书拜师不仅仅是拜书本为师，还可能因为阅读某书而与作者发生联系，并与之成为现实生活中的朋友。可以这么说，读书，为自己结识良师益友提供了更多的可能性，这种可能性在某种情况下又会变成现实。

读书拜师，门槛并不高，人人皆可为，主动权就在自己手里，任何有心成长的教师不妨一试。

用好教育报刊的策略

一个教师,如果从教伊始就与优秀的教育报刊亲密接触,那么他从一开始就站在教育教学的较高起点上,他就有更多的良师益友与他同行。他就会有更高的追求目标,更容易明白天外有天。这对于他今后的可持续发展,是非常有帮助的。

当下很多的知名教师,不论在成名前还是在成名后,教育报刊始终是他们的忠实朋友和同行者。

一、关注学科专业刊物

全国著名特级教师余映潮认为,如果没有大量的学术资料的积累,一个研究者的研究将行之不远,因为他不知道学术世界正在发生什么样的变化,不知道别人的研究走到了什么样的境界。为此,余映潮老师长期坚持订阅语文专业报刊,自 1977 年以来,他一直自费订阅北京的《中学语文教学》和上海的《语文学习》。

一般来说,一份学科专业刊物会呈现该学科教学的最新信息。余映潮老师的很多研究成果就是在阅读这些刊物的基础上形成的。如果一个教师从不关注自己学科的刊物,不知道自己的同行在干什么,不知道自己学科的最新发展动态,他在教学上自然是走不远的。

同样,全国著名语文特级教师高万祥也有与教育刊物共成长的经历。在他 2014 年 7 月出版的《学校里没有讲的教育》一书中，有《一本杂志和一个语文时代 —— 重读 1993—2008 年的〈中学语文教学〉》一文，讲述了他多年来与这份优秀教育刊物的故事。

笔者从教伊始，就一直订阅《大众心理学》和《中小学心理健康教育》这两本学科专业刊物。也正是有了大量的学科刊物的阅读，笔者从教以来在宁波市心理健康教育相关成果评选中，共获得 7 项一等奖，并有多篇文章在省级以上公开刊物发表。

现在，"慕课""翻转课堂"这些新名词逐渐进入了基础教育的视野，已经有不少先行者在进行积极的探索。2014 年 3 月，笔者在《中小学心理健康教育》（半月刊）2014 年第 4 期看到《心理课堂翻转模式的改革与思考》和《翻转课堂使用下的团体心理辅导活动课 —— 以"认识你自己"一课为例》两篇文章，非常感兴趣。原先以为翻转课堂主要在考试科目中进行，原来在心理健康教育上也可进行实践，这样就让自己对学科发展的最新动态有了清楚的认识，为自己进行教学探索提供了新的思考。

二、牵手综合教育刊物

对教师的成长来说，教师不仅要阅读本学科的专业刊物，还要坚持学科刊物和综合教育刊物并重的方针。从 2007 年开始，笔者就走上了开放阅读的道路，开始阅读《教师博览》《人民教育》等综合教育类刊物，让自己的各项工作做得更好。同时，随着自己的阅读从学科阅读走向开放阅读，笔者的专业写作也突破了学科的局限性，走向了真正意义上的教育写作。

在阅读相关著作或文章的时候，笔者读到过不少教师的肺腑之言，表达对优秀教育刊物带给他们滋养的感谢。其中也有不少当下的教育名家，比如李希贵、任勇等，都专门提到《人民教育》对他们的影响；不少教师都是在《教师博览》的影响下加快成长的步伐。

李希贵老师曾在一篇文章中说《中小学管理》不仅是给校长看的,同样也适合普通教师看。正是这篇文章激发了笔者阅读《中小学管理》的兴趣,并把它纳入了自费订阅的范围。几年的阅读,的确让自己很有收获。

三、学用各类教育报刊

学校要尽量为教师提供亲近教育报刊的机会。但是,教师自身也要舍得为教育报刊埋单。对于教育报刊,订只是基础,订而不阅只是摆设,教师要舍得投入时间和精力学习,这样才能真正发挥教育报刊的作用。

阅读教育报刊,我们不要苛求每篇文章都对自己有用。如果一份教育杂志每期有1~2篇文章对自己有启发,就可以认为是物有所值了。

笔者所在的学校,为鼓励教师多阅读教育报刊,对教师订阅教育报刊实行补贴一半的政策,目前补贴上限为200元。如果教师充分利用这一补贴的话,加上自己的投入,每年订阅400元左右的教育报刊,用来学习也差不多够了。2013年12月,笔者对本校教师专业刊物征订补贴制度实施九年来的情况进行了统计分析,并在《浙江教育报》上发表了《教育专业报刊助力教师专业成长》一文。这篇文章对学校实施这一做法以来的具体情况进行了分析,包括教师的阅读偏好、教研组影响、订阅与专业成长的关系等。那些在专业成长方面表现突出的教师,每年都订阅3份以上的教育刊物。可见,教师优秀的背后都是有原因的。牵手优秀教育刊物,是很多教师比同龄人表现更突出的一个重要原因。

本次统计,有这样一个现象值得注意,教师一旦形成了自费订阅教育报刊的习惯,年年都会自觉订阅;另外,教师一旦对某个刊物形成偏好,就会成为这个刊物的忠实读者。比如说,数学组的很多教师多年来一直订阅《中学数学教学参考》,不少教师自《教师博览·原创版》创刊以来,就一直订阅。本次统计分析,用实例证明了阅读教育报刊在教师专业成长中的积极作用。

亲近教育报刊,与优秀教育报刊同行,这是教师加快成长步伐的有效途径。

教师如何阅读经典

"非经典不读",这是有些人奉行的阅读准则。当然,在目前图书市场鱼龙混杂、质量参差不齐的情况下,读书自然需要选择,因为开卷未必有益。"非经典不读"是强调了选择好书的重要性,但是对这句话还是需要理性看待。教师固然要读一些经典,但是眼中不能只有经典。

所谓经典,是经过若干年甚至上百年时间"淘洗"而获得大家公认的著作,其权威性、启发性以及传世价值自不待言。但从古至今,经典何其多也,不同的学科又有不同的经典,一个人即便穷其一生,也未必读完所有的经典。其实也不必读完全部的经典。对教师来说,完全可以从自己的专业和学科出发,结合自己的兴趣,选择若干类别的经典,再从中精选一些书目,有针对性地进行精读。

以了解中国传统文化为例,国学大师钱穆认为必读的书为9本,即《论语》《孟子》《大学》《中庸》《老子》《庄子》《六祖坛经》《近思录》《传习录》。在今天教育部大力倡导加大对学生传统文化教育的背景下,很多教师在传统文化知识储备方面明显表现出不足。即便如此,是否有必要全部读完这9本书,答案也是可商榷的。虽然有各种名家解读本,但这些古典著作的阅读难度还是存在的;从教师角度说,也不是9本经典全部都需要了解。

除了要选择,阅读经典也需要坚持和耐心。

2013年11月,甘肃省语文特级教师霍军出版了《教师如何读经典》一书。霍军老师从教三十余年,边教边读,阅读了很多经典,从经典中感悟教育,从经典中汲取教育哲思,融会贯通,形成了自己独特的教育智慧。在这本书中,他结合自己的阅读经历,从"教育经典""国学经典""人文素养经典""哲学经典""文学艺术经典"等经典著作中精选出20种,进行了详细的解读,并推荐了相关的书目。

可以这么说,这本书是霍军老师三十多年来静心研读经典的感悟,他的经历告诉我们,阅读经典是一种慢的艺术,需要耐心,需要循序渐进。

所谓循序渐进也可以理解为对经典要进行有坡度的阅读。在教师阅读习惯还不怎么好的前提下,一味地强调阅读经典,可能会败坏教师阅读的胃口。比如杜威的《民主主义与教育》,是一本非常经典的教育著作,但因为它的理论性非常强,可能会让很多教师打退堂鼓。相比之下,雷夫的《第56号教室的奇迹》属于叙事类,虽然这是一本当代作品,但它的内容所体现的价值理念以及对读者的启发、指导作用,使它在教师群体中产生了重要影响。教师如果能从这样的当代经典作品入手,逐步扩大和提升经典的阅读面,必然能取得好的成效。

这也提示我们看待经典也要有新的视角。除了历史经典,我们也要重视当代经典。而从教师整体的阅读生活来说,除了经典,我们还需要更广泛的阅读视角。

中国青年政治学院王东成教授在《光明日报》刊发的《文化素养的有效构建》一文中指出,我们应把读书作为自己终身的功课。在书的选择上,应当是主动的、清醒的、切合实际的。他认为,我们读书,要选择四方面的书:

一是要选择读基本的书。这类书是一个人建造自己精神大厦的"基石",是喂养自己文化生命的"母乳"。二是要选择读经典的书。这类书是人类精神文化天空中的恒星而不是流星,是人类精神文化大海边的礁石而不是沙砾。三是要选择读前沿的书。这类书是人类精神文化领域中的最新成果,是被人类刚刚发现的"新大陆"和"处女地"。四是要选择读源头的书。这类书是人类最早开拓、耕耘的精神土地,它沉淀和蕴含着人类最初的梦想与智慧,蕴藏着人类文化的"遗传基因"和"原型"。

王东成教授选书的观点对我们教师是很有启发意义的。阅读的世界何其广阔,如果我们只盯住经典,就会遗漏大量的"新大陆"。

心中有经典,又不唯经典,教师的阅读之路才能走得更稳健。

为自己构建一间书房

有人说,看一个人的书房,就可以看出他的品位。苏霍姆林斯基在《给教师的建议》一书中,有这样一句话:"如果教师没有把学生领进自己的私人藏书房,如果没有使他在你的精神财富的源泉面前惊异地停住脚步的话,那么用任何手段都是培养不出这种爱好的。"或许,我们很多教师看到这句话,都会感到惭愧。

今天的教师,有多少人有自己的书房?这个答案估计不会很乐观。张文质老师在《教育是慢的艺术》一书中引用了福建省某县教育局长的调查数据,结果很令人震惊:60%的教师家里居然没有书桌。如果教师家里连一张书桌都没有,更不必说是书房了。在书中,张文质老师还提到,他每到一个地方作讲座,总要问听课的老师中是否有藏书1000册以上的老师。遗憾的是,这样的老师非常少。苏霍姆林斯基是非常强调教师的书房的作用的,他认为这是教师精神成长的重要场所。为自己构建一间书房,其实就是为自己营建一个专业成长的高地。

书房是一个空间概念,无论大或小,无论奢华或简单,作为关键的是书房中的实质内容——书。

关于藏书的意义,互联网脱口秀节目《罗辑思维》的主播罗振宇有这样的说法:"这是构筑个人知识世界的一砖一瓦,我就是愿意它们陪着我。当自己需要的时候,这些书就是自己借力的一个点。"

前人说"书非借不能读",那是书籍缺乏时代的无奈之举。在书籍可以非常方便地获得的今天,有人提出"书非买不能读"。总的来说,读自己的书自由。读借来的书匆匆忙忙,往往浮光掠影,读不出真义。读自己的书,快慢随己,从从容容,细细琢磨,慢慢品味,阅读效果自然更佳。

原国家督学、江苏省教科所原所长成尚荣先生曾写过《买书是为了以后读》一文,笔者深以为然。他说:"就买书的理由来看,无非两类,一类是为了需要,一类是为了喜欢,当然,喜欢往深处讲也是一种需要。喜欢的书当然会立即翻看,但也常常因为喜欢而不会一下子读完……让它放在那儿,天天望着它,天天看一点,似乎像小孩在品味一种最喜欢而又最不易得到的美味食品;又好似买了一件如意的衣服,穿过一两回,挂在衣橱里,待择日穿上亮相一样隆重。这难免有点'孩子味''女人味'。不过实际上这是一种珍惜的心情、呵护的心情。至于需要,也是有两种:立即需要和以后需要。人的一生总有许多憧憬和打算,教师也如此。未来的发展与走向在哪里,比如想研究哪些问题,未来要写些什么文章,等等。因此,从某种意义上说,买书就是一种知识的储备,就是对未来的一种准备。我以为这样的购书是很有眼光的。我的书橱里有一些哲学类的、思想类的书,当时并不是急需的,但今后肯定用得着,于是,当时看到就会立即买来。"当这样的书一日日累积起来,承载这些精神财富的书房就慢慢成形了。

那么教师的书房该摆放哪些书呢?

书房既作为教师精神成长的场所,它的内容物自然应该是有助于促进教师成长的书,也就是教师在需要的时候可以借力的点。教师的书房不是像某些官员和老板的书橱那样,用一些精装本来装点门面的。

教师构建自己的书房需要与自己的阅读结构结合起来。在教师的阅读结构上，本体性知识、教育教学知识、人类基本知识这三个分类得到很多研究者的认同。《教师阅读地图》一书给出的这三类知识的阅读比例依次是50%、30%和20%。《教育时报》总编辑刘肖也持同样的观点。当然，教师在实际阅读中没有必要严格按照这样的比例，只要在阅读的时候，根据自己的实际情况，兼顾这三个方面的书就行了。

至于具体的图书，除了平时书店所见，教师不妨关注一下相关媒体的几个榜单，以便帮助自己缩小检索范围。近几年，中国教育新闻网和《中国教师报》每年联合开展全国教师暑期阅读随笔大赛，并在中国教育新闻网和《中国教师报》上刊登推荐书目，至今已有300多种，并按照"教育理论类""教师专业成长类""综合类""人文社科类"等予以分类。

每年年底，《中国教育报》会开展"教师喜爱的100本书"评选活动，中国教育新闻网和《中国教师报》会开展"影响教师的100本书"评选，这两项评选都会评出十佳图书。比如，《教育魅力》《一盏一盏的灯》《教师第一课》《做一个心理健康的教师》《罗恩教师的奇迹教育》等，都曾是这两项评选评出来的十佳图书，不妨关注。此外，《中国教育报》《中国教师报》《教育时报》等教育媒体阅读栏目推荐的书，也可以留心一下。

有些人会以书价过高来为自己买书少找借口，这样的借口其实苍白无力。现在一些人手上拿的手机都四五千元，却舍不得买几本书，甚至拿着高档手机四处找免费的电子书。这既是观念问题，也体现了一个人的品位。

移动阅读的几个妙招

近年来,随着移动互联网的发展,移动阅读也成了阅读的一种生态。不过,无论是智能手机还是IPAD等各种移动终端,只是一个阅读的载体,对于移动阅读而言,最关键的还是内容。

笔者曾经跟某位教育科研人员交流,说起自己利用IPAD来开展移动阅读的事。他听了非常感兴趣,他说他经常要出席一些会议,有时也没什么事,真的很想利用这些时间来阅读自己需要的一些内容。但是他想看的内容都是从期刊网上下载的PDF格式的,只能在笔记本电脑上阅读,而携带笔记本电脑有时并不方便。这样,那些碎片时间,他往往只好在手机上看些小说等来打发了。其实,无论是智能手机还是IPAD,通过WIFI传输,都是可以方便地阅读PDF资料的。这样,那位科研人员的困惑自然也就迎刃而解了。

移动阅读作为一种阅读方式,其最大的优势在于能很好地利用一些碎片时间。相关调查显示,现在每个职场人每天平均有60分钟左右的碎片时间。可见,只要做个有心人,我们是能在移动阅读上取得很多意外的收获的。

就移动阅读来说,主要有两种。一种是被动式的移动阅读,主要是阅读一些推送的信息,如新闻、网络小说等。尽管这些内容的选择也有主动的成分,但从内容本身来说,读者是无法选择的。

另一种是主动式的移动阅读,就是内容是读者自己自主选择的,也可以说是私人订制的。主动式移动阅读主要可以通过两个途径来实现,一是通过云储存软件,比如腾讯微云、百度云、金山快盘等;二是利用专用的 APP 软件,如印象笔记。这两种方式的移动阅读,其实就是通过云储存,把自己需要阅读的内容从电脑同步到移动终端。这两种方式笔者都用过,目前主要使用第二种方式。对于移动阅读来说,印象笔记真的是一款很实用的移动阅读工具。

笔者觉得,移动阅读主要可以在以下三个方面发挥大的作用。

一、经典好文赏析

对于一些好文章,如果我们需要随时阅读,移动阅读就能帮我们这个忙。比如夏丏尊的《白马湖之冬》,朱自清和俞平伯的同题散文《桨声灯影里的秦淮河》等文章,堪称散文中的经典之作。这样的文章,同步到手机或者 IPAD 上的印象笔记软件里,只要有空闲时间,就可以随时看看。

另外,一些经典文言文、经典名句或者自己感兴趣的诗词,同样可以放到印象笔记中。阅读这些内容,不需要很长的时间,可以让碎片时间发挥作用。借此也可以逐步提升自身的传统文化素养。

当把这些内容转化为自己的移动学习内容后,就可以把自己的碎片时间变成移动学习的黄金时间了。

二、主题集中阅读

我们关注某个方面的问题,就会下载一些这方面的资料。我们把这些资料同步到自己的移动设备上,只要有合适的时间,就可以通过移动阅读来完成阅读。

比如我们在期刊网上下载的一些文章,完全可以通过 IPAD 来阅读。

同样,一些报纸的 PDF 也可通过这种方式阅读。一般而言,迷你的 IPAD 作为阅读工具,可以看得非常清楚,显示的报纸版面看起来也非常舒服。而且,迷你型的 IPAD 携带也比较方便。

《中国教育报》上整版刊登的某个话题,下载后阅读起来非常便捷,而且想看随时可以看。笔者有时要外出,就利用候车的时间,把事先同步好的几个版面的《中国教育报》的 PDF 看完。如果是使用印象笔记,可以把文字材料和 PDF 放在一个文件里,阅读起来更加方便。

这样,我们把一个主题的相关资料放在一起,并随时添加新的内容,利用移动阅读终端随时阅读,从而使自己对相关主题保持持续的关注,不断提高认识。

三、聚焦相关微信

现在,微信阅读也成为一种很不错的移动阅读方式。微信可以用来社交,也可以用来阅读,微信能发挥什么样的作用,关键在于使用微信的人。

越来越多的机构和媒体都建立了微信公众号。我们可以根据自己的需要,订阅一些微信公众号。在微信公众号推送的内容中,如果看到一些对自己有价值的内容,就可以转化为移动阅读的内容,为自己所用。

今天,媒体已经进入了融媒体时代。不少平面媒体刊发的文章会在其微信公众号上推送。比如《中国青年报》准备第二天刊发的一些好文章,头天晚上就会在其微信公众号上推送。而《中国教育学刊》上刊发的有些文章,杂志还没到订户手上,其微信上就有了。

因此,我们要有意识地关注一些优秀的微信公众号,看到自己感兴趣的文章就主动下载,纳入到自己的移动阅读资料库。这样就会有很大的收获。

同时,如果我们在自己的朋友圈里看到一些好文章,也可以把它们转化为自己移动阅读的材料。

不过移动阅读也有不足，值得我们注意。《新华每日电讯》2015年2月6日刊发的《平板电脑不适合"认真"阅读》一文，援引了国外的一项研究。该研究结果显示，电子阅读器、手机或平板电脑，无法像一本纸质书那样有力地支撑人们内心对故事的重构。

移动阅读，最关键的在于发挥其利用碎片时间的优势。

教师有效阅读的"三大攻略"

阅读是教师一辈子的事。尽管有人强调阅读的无用之用为大用，但对教师来说，还是希望能够通过阅读来加快自身的成长，享受阅读带来的成长之乐。教师一旦感受到阅读给自己带来的切切实实的好处，就能进一步激发自身的阅读热情，更好地用自身的行动去带动身边的人。教师如何通过阅读，更好地实现自身的专业成长和精神成长，这是很值得我们每一位教师认真思考的。

不同类型的阅读，可以达到不同的目的。因此，教师对自身的阅读要有一定的谋划，并落到实处。在阅读中，教师要兼顾好以下三种阅读的关系，使阅读更好地体现其魅力，发挥其效用。

一、聚焦式阅读

顾名思义，聚焦式阅读的目的性是非常明确的，可以说是基于某种任务的阅读。这样的阅读是一种短期阅读，只是为了解决某个问题或是对某个话题要进行深入的了解。比如教师为了上好某节课、写好某篇论文、做好某项课题，而对某些著作或期刊上的文章进行集中深入地阅读。针对性和有效性是聚焦式阅读的最大特点。

比如笔者对"心理账户"比较感兴趣，就会查找期刊上发表的关于"心理账户"的研究成果以及教育教学上应用"心理账户"的情况，并认真阅读。通过这样的聚焦式阅读，笔者对"心理账户"这个概念就有了深刻的理解，在写作中也会有意识地引用这个概念。

这样的聚焦式阅读随着任务的完结或者困惑的解决，也就自然完成了。但随着需求的改变或新的需求的产生，又会有新的聚焦式阅读产生。

聚焦式阅读，其实很多教师都是经历过的，也被很多人所推崇。这类阅读指向较为明确，成效也较为明显，相对来说"功利性"较强。不过，这种阅读可以让教师尝到甜头，有助于教师形成良好的阅读习惯，对于教师的成长来说是不可或缺的。

二、稳定式阅读

与聚焦式阅读相比，稳定式阅读称得上是教师的一种职业性阅读。尽管稳定式阅读最终也指向教师的专业成长，但每次的阅读并没有明确的目的，这是一种日积月累式的阅读，最终能达到量变到质变的飞跃。从某种意义上来说，教师的职业素养、专业水准、教育信念就是在这样的阅读中养成的。

稳定式阅读主要是阅读一些教育著作、教育专业刊物和跟教育相关的新媒体，此外也包括一些人文社科类阅读。

在稳定式阅读过程中，每一次的阅读都在为自己专业水平的提升提供"养料"。比如阅读吴非的《致青年教师》、李希贵的《面向个体的教育》、郑杰的《给教师的一百条新建议》等书，作者的教育理想，他们对教育细节的关注、对教育问题的见解，都会带给我们很多的启发，让我们对教育有更深刻的理解。

又比如，日常多阅读《教师博览》《教师月刊》《师道》等教育综合类刊物以及各类学科刊物，可以让我们对教育的最新动态和学科发展动向有更清楚的了解。

当然，在移动互联网时代，一些跟教育相关的微信公众号也是我们日常稳定式阅读的重要内容。

此外，人文社科类著作和相关的刊物，也具有提升教师素养的作用，教师可根据自己的喜好和需要，把它们纳入到自己的稳定式阅读的范围。

三、长期式阅读

现在，很多名家都倡导教师要多阅读经典。周国平先生认为，真正的阅读就是"作为精神生活的阅读"，通过阅读，你感到精神上的愉悦，得到精神上的提升，从书籍中汲取精神营养，让自己的精神成长，内心变得丰富、充实。他建议教师要多读人类文化宝库中的那些不朽之作，即所谓经典名著。这类书表现了人类精神的某些永恒内涵，因而具有永恒的价值。笔者觉得，对教师而言，长期式阅读就是要多读经典著作。

周国平先生自身有着很大的阅读量，因此他把这类阅读作为最重要的阅读。其实，对于教师来说，聚焦式阅读、稳定式阅读和长期式阅读都需要。缺乏了前两类阅读，教师的阅读就跟公众没有什么区别，教师自身的专业性也就无法体现了。

客观地说，在今天这个浅阅读盛行的年代，要静下心来读一点经典著作，是需要耐心的。2013年，《新华每日电讯》《光明日报》《中华读书报》等多家媒体均对"名著"缘何死活读不下去这一现象进行过关注。

对《论语》《道德经》等传统文化经典以及西方的一些人文社科经典，教师要纳入自己的长期式阅读规划中。在阅读这些经典的过程中，我们可以借助一些专家解读。比如，笔者先后读过南怀瑾的《论语别裁》、李零的《丧家狗——我读〈论语〉》、李泽厚的《论语今读》、王蒙的《天下归仁》等《论语》的辅助性读本，对自己深入认识《论语》有较大的帮助。

对教师而言，一些教育类的经典著作也要关注，这也是教师专业性的具体体现。

经典之所以成为经典，肯定有其魅力所在。而且，随着人生阅历的丰富、阅读底蕴的增加，对于经典我们会有常读常新的感觉。

以上三种阅读方式也不是截然分开的，可以在同一时段交叉进行。不过，教师在阅读中兼顾这三种阅读方式，就能让阅读既促进自身的专业成长，又提升自身的精神境界，真正把阅读作为自己的一种生活方式。

教育写作的是是非非

教育写作,成了教师成长中的分水岭。有的教师依托教育写作,加快了成长的步伐;而有的教师,因为平时远离教育写作,导致缺乏必要的写作成果而失去了很多机会。

教育写作既是教师表达思想、发出有影响力的声音的重要途径,也是教师反思实践、改进实践的有效途径。

教育写作应该根植于教师自己的土壤,结合自身的教育教学实践,远离形式和功利。现实中,有些教师过于功利化的写作已偏离了教育写作的本意,值得我们警醒。

教育写作的四个"关键要素"

教师的教育写作是教师的一种专业生活方式，是促进自身可持续成长的不可或缺的途径。教师如何牵手教育写作，加快自身的成长步伐？笔者觉得以下四个"关键要素"值得关注。

一、唤醒教育写作意识

教师的教育写作之所以引起关注，主要是因为教师的职称评审和名优教师评选有论文方面的要求。不少教师因为缺乏相应的论文而无缘职称评审，从而有了教师职称评审因缺乏论文被"一票否决"的说法。近年来，媒体上经常有关于教师职称评审需不需要论文的讨论。不过，讨论的结果是教师的职称评审依然需要提交论文。2014年，国家人力资源与社会保障部发布的关于教师职称改革的要求指出要淡化论文，但并没有说要取消论文。可见，在教师的职称评审中，论文还是必需品。

教育写作可以促进教师的专业成长，这句话对很多教师而言可能没有吸引力。但是职称评审必须要有论文，这使得教师不得不面对教育写作这一现实问题。

从当前的教师教育写作来看，存在两个极端，那就是"拒绝写作"和"功利写作"。

一些教师在职称评审中因缺少论文而被"一票否决"，这其实是"拒绝写作"导致的结果。一般而言,中级职称对教师的论文要求并不高,不少教师是在评高级的时候被论文卡住的。从评上中级到有资格参评高级,至少有5年的时间。那么用5年的时间,用心来写几篇达到职称评审要求的文章,应该不是什么难事。但是,很多教师平时根本不把教育写作放在心上,认为自己的天职就是教书育人,平时工作忙没有必要也没有时间来写论文。到临近评职称的时候,才想到自己还缺那么几篇文章。于是,临时抱佛脚。但由于平时不写作,写作的水平自然也不高,在短时间内很难写出像样的文章。这样,他们的抱怨就来了,认为职称评审有论文要求就是在为难自己。相反的,那些有教育写作意识的教师平时就在进行这方面的准备,几年下来,他们不仅在教书育人上做得很不错,而且也不缺乏职称评审所需的文章。这样,当有机会参评职称的时候,他们评上职称也就顺理成章了。

不过,有一点也是值得注意的。教师的写作主要是为了促进自身的专业成长,而不是成为写手。有些教师走上了过于功利的路子,他们并不缺职称评审的文章,他们的写作是为了发表而发表,片面追求发表的数量。在写作的过程中,他们重复他人,也不超越自己,这样就远离了教育写作的本意。

如果我们把教育写作作为日常工作的常态和一种专业生活方式,并远离功利,那么教育写作除了促进我们的专业成长外,也会给我们送上"副产品"——职称评审所需的论文。

二、找准教育写作方向

"不是自己不想写,而是自己真的不知道该写些什么。"这是很多教师面临的困惑。其实,教师的教育写作并不是进行理论创新,也不是无病呻吟,而是记录自己的教育教学生活,改进教育教学实践,描述自己的教育生命历程。可以这么说,教师的教育写作就是在书写自己的教育人生。

因此,教育教学的工作现场,就是我们教育写作的"富矿",有很多的内容可供我们挖掘。比如,如何关注中等生、如何提高作业布置的"含金量"、如何让课堂变得有序和有趣、如何提高班会课的实效等,这些教师日常工作中需要面对的问题,是教师研究的内容,同样也是教师教育写作的主题。这样的教育写作,写的是教师日常的工作内容,是自己熟悉的领域,写起来自然不会有隔阂感,不会做成"夹生饭"。

教师的教育写作,其实也是"小题大做",往往不经意间的一件事情,只要用心,也能写出一篇含金量极高的大文章。2015年5月1日,《浙江教育报》以"宁要小题大做,不要大题小做"为题,刊发了该报记者对2015年度浙江省优秀教育教学论文评选评委的访谈。相关评委认为,教师平时应该多写些小文章,更多关注身边的小事。抓住小的切口、小的载体,就可以写出有亮色的好文章。反之,如果写论文题目很大,谈不深,只能引用一下别人的理论,戴顶帽子。比如,《浙江教育报》全文刊登的2015年浙江省优秀教育教学论文评选的范文《例谈"问题链"在物理学习中的应用》,就是一篇小题大做的文章。

可见,只要用心,在我们的日常教育教学工作中,是能发现很多值得写作的东西的。

当然,我们平时也可以结合一些教育热点问题,写一写自己的思考;结合自己所读的书籍,写一写心得体会;结合专家学者的讲座,写一写自己的听后感悟;结合外出学习考察,写一写自己的所感所想。

应该说,我们教师只要在教育教学过程和日常的培训学习中做个有心人,就不愁没有东西可写。

三、提高教育写作水平

教师最终写成的教育文章,并不是简单地记流水账,而是对自身教育教学经验的提炼和对一些教育教学现象的思考，应该达到一定的水准。当然，教师平时把一些所思所想记录下来，就是为自己的教育写作提供第一手的资料和素材。提高自己的写作水平，这是每一位教师在教育写作中必须要面对的现实问题。

《中国教育报》曾刊发过一封读者来信，反映的是很多教师因为向教育报刊投稿老是石沉大海而丧失写作热情的困惑。《中国教育报》因此开展了"如何帮助教师走出写作焦虑"的讨论，并分几次刊发了讨论文章。当时，笔者撰写的《跳出写作来看教师的写作焦虑》一文也获刊发。事实上，我们不能就写作而论教师的写作，否则是解决不了实质性问题的。不少语文教师写散文的水平很高，但是却因没有相应的论文而无法参加职称评审。按理说，语文教师是有一定的写作能力的。但是一些语文教师从来不看自己学科的专业刊物，不知道自己学科的发展方向，不知道自己学科关注的热点问题，这样自然就很难写出有思想含量的教研文章。

获得"影响中国 2013 年度文化人物"的著名作家阎连科前不久在接受《新华每日电讯》记者专访的时候指出，如果有一天他停止了写作，一定是因为他没有能力阅读了。因为停止阅读，实质上是停止思考。一个著名作家都如此强调阅读在自身写作中的重要作用，那么我们教师更应该从阅读中去汲取写作的源泉了。

对于教师的写作来说，阅读是吸收，没有吸收，自己的肚中没有干货，自然就写不出有思想含量的文章。而缺少阅读正是当下教师的软肋。自《新华每日电讯》2007 年对教师阅读现状不理想进行重点关注后，教师"阅读少"的现象引发了社会的广泛关注。2014 年 1 月，《现代教育报》以"教师不读书怎能让学生爱读书"为主题，对教师的阅读状况进行了聚焦。这也说明，几年来教师的阅读状况并没有得到根本的改观。

因此，教师要提高自己的写作水平，功夫还是在诗外，必须要以大量的阅读来打底。教师要根据自己的实际情况，针对性地阅读一些教育著作、综合教育类刊物和学科专业刊物。这样，自己的视野将会大大开阔，自己写作的立意就能提高，自己的专业表达水平也会有所进步。

当然，阅读只是为写作水平的提高提供了可能性，教师写作水平想真正提高需要在阅读的基础上多写作。教师平时要多练笔，教育日志、教育叙事、教育反思、教育案例等均可以尝试，在练笔中提高自己的书面表达能力、谋篇布局能力、凝练大小标题的能力。教师只要能做到读写结合，那么写出几篇像样的文章不是什么难事。

现在，网络在为教师的写作提供便利的同时，也助长了教师的惰性。不少教师形成了从网上拿来的习惯，甚至连计划、总结之类都直接从网上扒下来，使自己少了很多练笔的机会。这一点是需要我们教师引起警惕的。

四、安放教育写作成果

成果发表是教师教育写作的最后环节，也是不少教师写作的最直接的动力。在公开刊物上发表，既是自己的成果得到认可的标志，也为自己的职称评审等实质性的刚性需求积累了"资本"。但有些教师就是提着猪头找不到庙门，不知道该往哪里投稿。很多教师有这样的感觉，与教师的发表需求来说，刊物所能提供的发表机会是僧多粥少。

跟现在很多大学生找不到工作，但也有很多企业招不到所需的人才的就业现实一样，尽管可供发表文章的刊物相对较少，但是教育刊物对适合自己刊物特点的优秀文章仍是很渴求的。只要是好文章，并且是针对刊物需求的，就不怕发表不了。笔者在《中国教育报》上发表的文章，很多都是直接投稿，也不认识编辑，但是很快就登了出来。

所以教师想投稿，必须研究相关刊物的用稿特点，然后投其所好，这样才能提高发表的可能性。不少教师找到一个投稿邮箱,也不做功课,盲目投稿,投中的可能性自然很小。教师可针对性地加入一些刊物的QQ群,留意一下编辑公布的征稿信息和用稿要求,这样就能有的放矢。

很多刊物也会结合自身的情况,开展一些主题征文,教师可以关注这样的信息。如果自己所写的文章正好对路,适当修改一下就可以参加征文。即使没有现成的文章,如果自己有兴趣,也可以写写这样的命题文章,锻炼一下自己的写作能力。比如《中国教育报》曾就"名师不鸣"问题向全国的读者征稿,笔者看到征稿信息后,就结合自己平时的思考,写下了《"名校"情结背后的名师成长之困》,很快在《中国教育报》刊发。

教师在选择刊物的时候,注意不要选择那种只要出钱就能发的刊物。教师可以通过中国记者网或国家新闻出版广电总局网站的"期刊查询"查一查有没有相关刊物。如果有,可以进一步查询中国知网收录的刊物的情况,看是不是有这个版本,看这个刊物的厚度怎么样。如果一本刊物是旬刊,每一期都有200页以上,这样的刊物是什么刊物,立马可以得出结论了。

参加各级评审也是安放教育写作成果的一种途径,但一定要参加各级教育行政部门及其所属业务部门或学术团体的正规评审。现在很多"文化骗子"针对教师想评奖的心理,炮制了很多"克莱登"大奖,动辄给你送上个全国一等奖,当然获奖证书是要购买的。原先这样的"克莱登"大奖都是全国性的,不少教师就有了免疫力。现在,这样的奖项也向下延伸了,比如"某某省教育教学研究会""某某省基础教育学会",这样的机构开展省级论文评比,然后收取一定的费用。而事实上,这些机构是子虚乌有的。结果,还是有不少教师上当受骗,甚至有些是学校组织教师参加这样的评选。对此,教师还需要提高自己的"反诈骗"能力,多一个心眼,多一些调研,不要让自己上当受骗。

教育写作应远离"学术不端"

随着越来越多的中小学教师加入教育研究和写作的队伍，有关中小学教师的"学术道德"问题也逐渐浮出了水面。这一问题不容忽视。一些教师"学术道德"意识薄弱，做出了一些令人不可思议的事。比如有的老师做的德育小课题的成果居然是全文抄袭，有的老师的文章是几篇文章拼凑在一起的，也有一些老师同一篇文章"遍地撒网""一女多嫁"。

目前，各级论文评审的组织者必须做一项本不需要的工作，那就是对参评的论文进行网上检索，否则，很可能让看起来很美的抄袭文章钻了空子。不少期刊编辑也把很多精力花在网络检索上。对以"教书育人"为天职的教师来说，出现这样的行为，真的是很不符合"为人师表"的要求的。

《中国教育报》2008年7月21日刊发的《论文评选不可助长抄袭之风》一文中提到，每年的教育论文评选，老师们的积极性很高，作者所在的区每年能征集到2500多篇论文，但不少教师的论文是从网上下载或抄袭别人的，移花接木、改头换面的论文要占总数的一半以上。笔者经常担任各类论文的评选，对此也深有体会。

有一次，笔者参与省内某县教育部门委托本区教研室进行的德育论文的评选工作，本着认真负责的态度，进行了网络搜索。不搜不知道，一搜还真吓一跳，参评的 100 多篇文章中，接近 30% 的文章有抄袭行为。就笔者担任的几次论文评审的经历来看，每次总能发现这种心存侥幸的教师，拿着有抄袭成分的论文来评奖。有些学校在举行教师论文评选的通知中，还必须画蛇添足地加上一句："请不要直接从网上下载。"

可见，中小学教师的"学术道德"失范问题必须引起高度的重视。

从教师的"学术道德"来看，主要会出现以下三个方面的问题。一是文章写作过程中的抄袭问题；二是文章写作过程中的失真问题；三是文章投稿过程中的一稿多投问题。

一、教师写作的抄袭问题

在教师写作的抄袭问题上，存在两方面的原因：一是教师主观上的恶意，二是教师不懂学术规范，无心犯错。

有些教师没有把抄袭当回事，他们平时很少读书写作，需要的时候，在网上搜索一下，拼凑一下或者全盘拿来就应付了事。把别人的论文全部抄下来，或者只改动个别语句的行为，一般称为低级抄袭；而有些刻意改头换面的，被称为高级抄袭。不管哪种，都是出于抄袭者的主观故意。

而很多教师抄袭往往是因为不了解学术规范，不清楚合理借鉴和抄袭两者之间的界限。笔者在评审中看到过很多这样的文章，整篇看起来没什么问题，但是其中的每一部分，都是从其他地方拿来的，甚至一字不改。还有些教师在写调查报告的时候，前面是自己的调查，后面的结论全抄别人的。更有的以为理论可以全抄，加上些自己的实例就行了。正是因为对学术规范理解不清，不少教师在借鉴中不知不觉走向抄袭。

二、教师写作的失真问题

教师写作中的失真问题，目前还没有引起足够的重视，但其危害性也是不容忽视的，这同样是"学术道德"的失范行为。

某教育刊物的编辑部主任曾经感慨，在不少教师的笔下，他们具备了"化腐朽为神奇"的教育绝活，简直是无所不能了。比如几次真诚的谈话就能彻底把"问题学生"转变，而且一劳永逸。而在教育实践中，"问题学生"往往要牵扯教师大量的精力，并且他们的行为是具有反复性的。这样的文章显然是"注水"了。

另一种写作失真的表现是杜撰案例。如今教育叙事已成为教师写作的一种流行文体，有些教师平时工作中没什么积累，为了写作杜撰出很多案例，无中生有，以此达到发表的目的。

其实，不少报刊编辑已经明显感受到教师写作中的这些"失真"之处，对这样的稿件就冷处理了。

从严格的学术规范来说，杜撰、编造事实也是学术不端的表现，是教师在写作中需要避免的。

三、教师写作的一稿多投问题

对于一稿多投行为，很多编辑认为不是严格意义上的学术不端，但绝对属于不受欢迎的行为。不少刊物会在征稿通知中明确指出，不能一稿多投，如果投稿多少日内没有刊发，作者可以自行处理。可见，对于刊物来说，一稿多投是不被接受的行为。大多数编辑发现这样的作者后，就会保持警惕，甚至会拒绝用这些作者的稿子。

目前，很多教育刊物的审稿期是3个月，不少刊物明确表示不退稿，多少日内未刊发作者可以自行处理，这样作者就处于弱势的一方。有些教师因为评职称的需要，就"四处出击"，只要有一处能用上就行，这样难免出现"一稿多发"现象。

现实中，还有一些教师，具有较高的写作水平，也不缺发表的文章，但就是喜欢自己的文章"一女多嫁"，造成"一稿多发"的既成事实，还在相关文章的背后注明在哪几家刊物发表，以显示自己文章的价值。这种功利的、故意的"一稿多投"行为，多次发生后，可能引起相关刊物编辑的警惕,他们甚至会拒绝这样的作者的稿子。

不以任何形式抄袭、剽窃他人学术成果,这应该成为教师职业道德的重要组成部分。教师需要进一步提高文献检索的能力,学会正确借鉴和引用他人的成果,在实战中提高自己的论文写作水平。教师有了"学术规范"的意识和相应的知识,就不会无心犯错,出现各种尴尬的情况了。

教师的教育写作要忠于自己的教育生活,这样才真正有生命力。教师要让自己的教育写作走可持续发展的道路,必须坚持学术道德,避免抄袭、内容失真、一稿多投等行为,用自身的实际行动端正学术之风。

让写作与反思同行

在郑杰的《给教师的一百条新建议》（修订版）中，"把写作进行到底"是其中的一条。不少教师看到这样的建议可能会惊出一身冷汗。但如果我们跳出写作来看写作，会发现那些不会写的老师，往往是不怎么思考的老师。日本教育家佐藤学把教师定位为反思性实践者。在吴义昌的《如何做研究型教师》一书中，作者把研究型教师分为反思性实践者、行动研究者、科学研究者。就教师的角色而言，反思性实践者是贯穿于教师职业生涯始终的，这说明反思应该成为教师的职业生活方式。

事实上，写作从某种程度来说就是思考。只不过很多人有了思考，却没有写下来。如果反思仅是在大脑里过一遍，往往就留不下痕迹，时过境迁，可能就没影了。而记录下来的反思是真实和原生态的，为自己今后的写作提供了第一手的资料。

反思最好的形式就是诉诸笔端。就教师的反思而言，主要有以下三种。

一、日常教育教学反思

日常教育教学反思中，最常见的是教后反思，也称为教后记。叶澜教授曾说过，一个教师写一辈子教案不一定成为名师，而写三年教学反思往往能成为名师。这说明教育教学反思对教师成长的积极意义，也说明一般教师在写教案时缺乏反思。现在有不少学校对教师有写教后记或教学反思的要求,而有些老师往往是在学校要检查备课本的时候才匆匆补记一下。这样的"补记"行为其实已经失去了教学反思的本意,是典型的被反思。这样的反思形式主义,反而增加教师自身的负担,是做无用功。

就教师的日常教学反思而言,可以分为课前反思、课中反思、课后反思,但最后都是通过课后写作固化下来。教师写日常的教育教学反思,主要是给自己看,这样就无须遮掩,能直面问题,并积极探索化解之道,从而督促自己加强学习,改进自己的做法。教师如果能用心地写教学反思,并在反思中优化自身的教学行为,就能有效提升自己的教学水平。

教育教学反思是适合教师的教科研形式,写反思既是一种研究方式,也是教育研究成果的一种表达方式,是教师研究生活的具体体现。

二、主题教育教学反思

主题教育教学反思着眼于教师一段时间内关注的问题,从某种程度上说是对某个问题研究的系统记录,有助于切实提高教师解决具体问题的能力。与日常的教育教学反思相比,主题教育教学反思更具有针对性,有时稍加整理就是一篇很不错的反思文章。

教师写教育教学反思文章是基于自身的教育教学工作,这样的写作是主动的,因此往往会很用心去写。通过这样的写作,教师对自己关注的问题会有更理性的认识。

现在很多班主任都非常注重后进生或潜能生的转化工作,写了不少这方面的反思文章,很多教育媒体上都可以看到类似的文章。不过,善于反思的优秀班主任郑英,她在关注后进学生的同时,也非常关注优秀学生。她意识到有些成绩优秀的学生也存在品德和行为问题,要转化他们更加困难,于是,她就把与这样的优秀学生斗智斗勇的过程写成主题教育反思，给同行带来了很多的启发。《浙江教育报》还专门为她开设了这方面的教育叙事专栏，发表的相关文章，其实就是从她日常的主题反思中提取出来的。

主题教育教学反思可以在日常反思的基础上进一步深化，日常的教育教学反思就成了主题教育教学反思的最好素材。

比如教师对一个学生的持续观察，可以在日常反思的基础上，在半年或者一年以后进行必要的梳理。这既是对反思本身的一种提炼，也有助于教师更好地改进教育方式。

三、即时教育教学感悟

"好记性不如烂笔头"，这句老话说明了及时记录的重要性。以前有些有心的教师经常随身带着笔记本，有什么好的心得和想法及时记录在笔记本上。正所谓人勤地不懒，这样的做法，在事后进行必要的梳理，往往会形成好的文章。

当然，如何记下即时的教育教学感悟，每个人可以选择适合自己的方式。在今天这样一个移动互联网时代，聊聊QQ、刷刷微博、转转微信，已成为常态，手机成了大家越来越离不开的"宝贝"。现在的手机不仅是通信工具，也是即时记录的好工具。在手机上安装一款印象笔记软件，这样在手机上记录的即时感悟，能同步到电脑的印象笔记软件中，能在电脑上进行进一步的修改。

现代人有很多碎片时间，如果不有意识地加以利用，这些碎片时间就在无意中被浪费了。碎片时间既可以用来移动阅读，也可以随时记录自己的心得感悟。有些感悟和思维的火花稍纵即逝，不及时记录或许就永远消失了。利用手机记录下这些个人的灵感和瞬间教育智慧，可以为自己的教育写作积累素材。

写文章要做些基本功

笔者跟很多同行有过交流，说起学校评选教育教学论文的事，说很多老师都是应付了事，有的是东拼西凑，有的甚至是照搬照抄。这样就形成了一个悖论，一方面很多老师抱怨说自己不会写论文，另一方面对学校提供的机会却消极应对。那么，教师如何写出称心的文章，让论文不再成为自己的羁绊呢？

一、需适度自我加压

要写出一篇有质量的文章，毕竟不是一件很轻松的事。从一定意义上说，好文章首先是做出来的。人都是有惰性的，现在的教师工作比较忙碌，如果不对自己有一定的要求，是不会费心费力地去写文章的。要想写出称心的文章，教师对自己必须有一定的要求。自己决心要做的事情，再忙也是能抽出时间的。

自参加工作以来，笔者每年都对自己有一定的写作要求，最初是每年认真写好一篇心理健康教育论文，参加宁波市的评选。这个要求一直坚持到现在，也会一直坚持下去。这样，在自己参加的13次论文评选中，总共获得了5次一等奖、8次二等奖。现在笔者每年对自己有认真写四篇文章的要求，除了心理健康教育论文外，每年写一篇宁波市中小学"德育热点大家谈"的征文，每年写一篇论文参加浙江省优秀教育教学论文的评选,每年写一篇读书心得体会文章参加浙江省教师读书征文的评选。其他的文章,不作硬性规定,有想法时想写就写,不写也无所谓。

听起来,一年写四篇文章要求挺高,但是任务一分解也不算什么。作为心理教师,每年认真写一篇学科论文不算什么;参加"宁波市中小学德育热点大家谈"征文,相当于每年写一篇命题文章;每年寒假写一篇论文,开学后参加浙江省年度优秀教育教学论文评比;另外在暑假好好写一篇读书心得体会文章,参加浙江省教师读书征文比赛。其实,这些文章都是跟自己日常的教学、思考的问题、阅读的书籍结合起来的,并没有给自己增加太多的麻烦。笔者每年都在非常用心地写,这也是对自己的思考和认识水平的一种检验。

二、需适当借鉴样本

借鉴优秀文章是提高写作水平、写出称心文章的重要途径之一。

笔者最初对写读书心得体会文章毫无头绪,最初几年参加浙江省教师读书征文比赛,往往是颗粒无收。后来,笔者有意识地去留意媒体发表的心得体会文章,看看对于同一本书,人家发表、获奖的文章是从什么角度写的。经过一段时间的训练。终于在2010年发表了第一篇读书心得体会文章,至今已发表数十篇读书心得体会文章,并且获得过浙江省教师读书征文比赛一等奖。

很多老师写论文时习惯于从"度娘"上找文章学习,这是远远不够的。"度娘"上的东西往往都是大路货,质量参差不齐。正所谓"取法乎上,得乎其中",对于借鉴样本,教师也要择优而学。

教师需要经常翻阅自己学科的刊物和一些教育综合类刊物,看看自己的同行在写什么样的文章、自己学科有哪些关注点、现在的教育热点问题有哪些、不同类型的文章是怎样写的。每年当地的学科论文评选公布后,不妨看看获得高层次奖项的文章在关注哪些问题,又是如何组织文章的。

通过用心借鉴别人的各类好文章,自己也会逐步摸准教育写作的门道的。

三、需平时积累素材

写出一篇文章,表面上看就是一阵子的事,其背后则需要很多的积淀。

教师不妨结合自己对自己定的要求,有意识地拉长写作时间,多注意积累,多收集相关的素材。

比如不少学科每年都在固定时间评选论文,这已经成为惯例了。教师想参加论文评选,可以有一年的时间去用心准备。但现实中,很多教师往往在论文需要提交之前才匆匆去思考去写,这样的"急就"文章有多少含金量,自然可想而知。一般来说,教师如能提前三个月就开始谋划一篇论文,写出来的文章肯定比"急就"文章好得多。

比如宁波市中小学德育研究会每年6月份发布德育热点问题大家谈的征文主题,要求9月底上交征文。笔者每年在看到征文主题后就开始考虑征文的事情,在暑假里完成征文初稿,9月份进行修改后上交。这样,自己每年提交的征文质量就比较高,在宁波市总共九届征文中,笔者共获了7次一等奖、2次二等奖。

无积累不成文。好文章是平时铸就的,最后的成文只是"最后一公里"工作。

如果能做到上述三点,那么教师在自己的职业生涯中写出几篇叫得响的称心文章,不会是不可能完成的任务。

通过写作提升教师的专业影响力

教师从事教育写作,除了职称评审或名优教师评选有要求外,很重要的一点就是通过文章的发表,提升自身的专业影响力。尤其在现在这个移动互联网时代,一篇有影响的专业文章,通过微信、微博的广泛传播,会有更大的影响力。

一、教师话语权失落不容忽视

对于教育问题,谁都可以说上几句,不需要任何门槛或资格。我国著名教育评论人、上海大学顾俊教授认为,现在社会上对学校的各种做法产生了明显的意见分歧,有时几乎毫无道理可讲,更有甚者在各种极端观点间随意穿越,导致学校和教师无所适从。

其实,这不仅仅是中国的现象,美国的教师也遭遇了这样的窘境。帕克·帕尔默在《教学勇气》一书中指出,抨击教师成了时尚,教师很容易成为被攻击的目标,因为他们是如此普通且无反击之力的群体。尤其是在当下这样一个网络社会里,有些对教育胡乱指点江山的评论文章经网络传播影响甚广,对学校教育具有很大的"杀伤力",让教师有种找不着北的感觉。

上海市特级教师黄建初在《在研究中找回真实的自我》一文中,提出了一个值得我们每一位教师深思的问题,那就是教师话语权的失落。我们稍微留意一下，在当下的很多媒体中，是很难觅得普通一线教师的有影响力的专业话语的。《中国教育报》加大了评论版的版面，但是评论版上刊发的大多是媒体评论员和高校专家学者的文章，一线教师还缺乏足够有影响力的声音。客观地说，如果一线教师能在《中国教育报》的评论版上多发出一些有专业理性的声音，那么一线教师的心声就能更多地通过这一平台得以传播。《教育时报》2014年7月2日头版的《教师发展莫失语》一文，也明确提出教师的"话语权削减"这一现实问题。教师如能在有影响力的媒体上发出自己的声音，就可以为自己代言。

二、教师可以发出专业理性的声音

作为专业的教育人士，教师理应成为教育领域的专家，发出具有专业理性的有影响力的声音，去影响和引导公众。但我们却不得不面对这样的现实，那就是谁都可以对教育指手画脚，来说上几句，而教师却缺少这方面的意识和能力，造成群体失语。这样的尴尬是值得教师们反思的。

2012年，深圳市前海学校的"学生心理情报员"事件，被媒体批评得体无完肤，甚至认为这样的做法是最失败的教育。其实，有很多学校都在采取类似的做法，那么在这样的媒体舆论面前，他们是否还要坚持自己的做法呢？这的确会在一定程度上困扰很多教师。事实上，深圳前海学校的"学生心理情报员"与班级心理委员的职能相当，并不是在培养告密者，而是重视心理健康教育的一项具体举措。而班级心理委员的做法，是得到中央文明办高度评价的一种心理健康教育的创新。面对这样的争议，如果我们教师能从专业的角度参与媒体的讨论，就可以消除舆论对积极教育探索的负面评价，为教育改革赢得一方晴空。笔者注意到这一现象后，查阅了很多资料，对这一问题有了客观理性的认识，并撰写了3000多字的《从专业角度再看学生情报员》在《教育导报》刊发，作为教育人发出专业理性声音的一种尝试。此后，笔者又结合媒体对某校的"情商课"唱赞歌的现象,结合此前对"学生心理情报员"的关注,写下了《心育探索"两重天"背后的教育思考》一文,获得宁波市中小学心理健康教育论文评比一等奖,并公开发表。对于类似的问题,如果有更多教师撰文参与讨论,一定能发出教育人更有影响力的声音。

教师要发出有影响力的声音,需要提高自身的专业表达能力。不过,教师的专业表达目前还没有引起足够的重视。或许正是因为专业表达能力的缺失,使教师们发出的声音不够专业,不能让人信服,反倒在众说纷纭中迷失了方向。

三、教师应在教育写作中提高影响力

在今天这个自媒体时代,人人都是媒体。教育写作是教师发表专业观点、发出有影响力的声音的有力武器。

教师通过教育写作来提高自身的专业影响力,一是要认识到专业表达对自身的重要意义;二是要提高教育写作水平,更好地发出有影响力的声音。

教师的专业表达能力是教师专业发展的重要内涵,需要引起我们每一位教师的积极关注。教师的写作,要与阅读、实践等结合起来,这样做,教师就能实现提高书面表达和口头表达能力的双赢,为教师提高专业表达能力打下扎实的基础。

《中国教育报》2008年4月30日曾刊发过《汉语能力,21世纪创业就业的核心竞争力》一文。这篇文章指出,核心技能是最高层次的能力,是所有行业和领域、所有人必备的能力,不仅决定从业者当下的工作绩效,还决定其日后的发展和终身成就。人力资源和社会保障部确定的8种核心技能中,言语交流与表达排在第一位。2012年9月正式实施的中、小、幼《教师专业标准》(试行),也把"沟通与合作"作为教师的专业能力。可见,专业表达能力作为教师的一种核心能力,应该引起每一位教师的

重视,并努力去提高自身的这一能力。相比较而言,教师对公开课的言语表达要比日常课堂更为重视。事实上,日常课堂更应该成为教师锻炼自身言语表达能力的场所,在日积月累中提高自己的专业表达能力。

  无论是书面表达,还是口头表达,其背后是一个人的思想和见识。对教师而言,要提高专业表达能力,除了必要的表达技巧的训练外,更重要的是加强思想的锤炼。这就要求教师苦练内功,加强自身的修炼。

把写作和工作变为"一张皮"

2015年1月28日,《新华每日电讯》以"医术好的不写文章,写论文的不看病"为题,对医生职称晋级"论文至上"的现象进行了关注。其实,这个问题并不是新鲜事,媒体也经常关注。比如,2013年6月,《人民日报》分别以"医学论文成'买卖'"和"会看病才是好医生"为题对医学论文进行了聚焦。

这些讨论对医生考评中的论文乱象作了深度分析,对当前有些医生为了考评注重写论文而忽视临床业务的现象进行了反思。在讨论中,不少人认为,医生花很多时间写论文,会耽误救死扶伤的本分。其实,这个讨论对当下教师的教育写作也有很大的借鉴意义,那就是如何处理教书育人与论文写作的关系。

无论是医生还是教师的职评论文,有一个问题必须厘清:职称考评中的论文要求不是刚刚冒出来的,而是一直就有的。参加副高及以上的职称评审,参评者必须要有一定的科研能力,教师如此,医生如此,会计也是如此,这是当下职称评审的要求。

完成这些论文有相当宽裕的时间,处理得当不会影响本职工作。有了这样的认识,我们才能更理性地来看待职称论文的考评之困。

现在有不少教师也面临着和医生同样的尴尬,为论文所困。有些教师想参评副高及以上职称,尽管教学业绩很不错,班主任工作也相当好,就是因为没有相应的论文而被"一票否决"。于是一些教师开始走"捷径",通过各种途径买论文。教师花钱买论文,有悖于职称评审对教师教科研能力的要求,降低了教科研工作在教师心目中的地位,也让一些踏踏实实开展教育教学研究的教师吃亏。同时,这也有损教师在公众心目中的形象。

那么,教师的论文写作是否会对教师的教书育人天职造成冲击呢?事实上,教书育人和论文写作并不是平行线,而是有交集的。教师的教书育人工作做得精彩,论文才有可能写得精彩。教师论文写作的主要素材就是教育教学工作中碰到的问题、面临的困惑、想突破的难点等等,这些都是跟教师的日常工作紧密结合的。不然,教师的论文写作往往也不接地气,变成"无病呻吟"。如果教师为了写论文而写论文,脱离工作实践,不仅会增加自己的负担,而且也无益于自己的教育教学工作,这样的论文写作是走错了路子。

不过,很多教师的写作能力不强也是一个必须正视的客观事实。不少教师也以此为托词拒绝写作。不少教师认为自己的天职是教书育人,写作是额外的事情,不应该成为自己的负担。事实上,教师的写作并不是另起炉灶,而是教书育人工作的有机组成部分。教师通过写作,可以进一步梳理自己的思路,更好地反思自己教育教学工作的得失,也可以在更大的范围内交流自己的思想和经验,加快自己的成长步伐。当然,教师写作能力不强的背后更值得关注。不少教师平时从来不看教育报刊,也不读教育著作,缺乏"输入",自然就写不出有新意、有水准的论文了。

教师平时不写作,而面临职称评审的时候必须要有论文。这样为写论文而写论文,自然就觉得职称评审有论文要求是相关部门在为难教师了。如果教师能正视自己写作能力不强的现实，平时注重增强这方面的能力，假以时日，写出符合要求的论文也不会是难事。

从很多地方的职称要求来看，教师参评副高职称一般需要提交 2~4 篇论文。从评上中级到有资格参评副高，一般有 5 年时间。如果真的把论文写作当回事，用 5 年的时间，潜心阅读，静心写作，写出几篇像样的论文也不是难事，也能提高教师的教书育人水平。而且，教师所写作的论文也并非严格意义上的学术论文，而是比较贴近教师教育教学工作实际的教学论文，并不需要进行严格的学术训练才能写就。职称评审对论文的要求，本意是对教师的科研能力的要求，科研能力的体现就是一定数量的论文。可以这么说，教师的职称论文写作，也是教师的职务行为，并不是给教师加重负担。

现在，"让学习成为一种健康的生活方式"成了时尚。教师也需要切实转变观念，不要把教育写作和日常的教育教学行为割裂开来，而是要有一盘棋的思维。教师把读书写作作为自己的生活方式，并持之以恒，是能实现教书育人与论文写作的"比翼双飞"的。

教师教育写作要走出"三大陷阱"

在教师借助教育写作有效促进自身专业成长的过程中,要注意走出以下"三大陷阱"。

一、走出"畏难情绪"

现实中,有不少教师会叹这样的苦经:不是我不想写,而是我真的不会写。有些教师写作水平不高,的确也是一个不争的现实。不过,中小学教师的教育写作,其性质不是创作,更多的是对自己教育教学工作的描述、反思和提炼,这理应不是什么难事。

著名特级教师吴非很反感"笔杆子"的说法,认为每个人都应该有基本的写作能力。但是很多人,包括教师,从小就不喜欢写作,说自己不会写,成了拒绝写作的最好借口。正是因为平时拒绝写作,导致教师写作能力停滞不前,成了自身发展的一块短板。

"一个人若不能运用文字把自己所知所想的东西写得明白而有条理,他就算不得一个合格的公民。"不知道叶圣陶老先生的这句话会让我们多少老师感到汗颜。如果这句话能让我们教师警醒、知耻而后勇的话,教师就会在教育写作上有所作为。

教师的教育写作,并非是空想,而是对自身教育教学行为的表述,对自己教育教学所思的记录,对自己教育教学经验的提炼;或者是读了一本书或者一篇文章后的感想，或者是看到某位教师的某个做法后的思考，或者是对某个讲座中的一些观点的评价等等。可见，教师的教育写作，其实就是在书写自己的教育教学生活。这样的写作，是扎根于教育教学工作的各个环节的，并非无源之水。关键在于自己要做个有心人，要有及时记录的意识和毅力。

朱永新教授倡导教师应该过"一种幸福而完整的教育生活"。现实中，有不少教师辛苦操劳了一辈子，也没有给自己留下什么值得回味的东西。教育写作其实就是教师在书写自己的教育人生，留下成长足迹。自己曾关注过什么话题，自己曾进行过什么样的思考，自己曾有过怎样的心路历程等等，都可以在教育写作中体现出来。《教师的20项修炼》一书把教师的写作作为其中一项修炼，并称之为"教育生活表达的体验"。这样的写作，毫无疑问是生动的、形象的、有意义的。

教师的教育写作要跟教师的阅读、实践、反思有机结合起来。通过教育写作，教师的专业生活将更加丰富多彩。

教师应该树立自己的教育写作自信，要相信自己能写得好，不视教育写作为畏途。同时，要根据自己的实际情况勤练笔。相信在自己的坚持下，教师的教育写作水平一定会提高。

二、走出"应付心态"

当下，有不少老师进行教育写作，是出于应付心态，属于"被写作"。

目前，对教师有硬性写作要求的主要有职称评审、名优教师评选和学校考核这三种。

在这三种要求中，职称评审对教师最有诱惑，也最让教师感到头痛。职称评审对论文的要求有引领教师走正确的专业发展之路的作用，但现实中不少中小学教师因为没有养成教育写作的习惯，他们迫于职评的压力，临时应付写作，一旦评审过关，就停止了写作。

各类名优教师评选和考核中也存在这样的问题。有些教师评选前会有一些论文,评上后就失去了持续写作的动力,往往在考核中被亮了红灯。这也是对教育写作应付的一种表现。

至于对待学校自身开展的教育教学论文考核或者评比,教师的应付心态就更普遍了。

三、走出"过于功利"

教师究竟是为了促进自身的专业成长而写,还是为了写作而写,这是很值得教师思考的。如果教师走上为写而写的道路,就会偏离教师教育写作的本意。因为教育写作本身不是目的,而是手段。教师的写作要远离功利,这样才能让教育写作返璞归真。

对语文教师来说,成为作家型教师是其专业发展的一个方向。不过,对绝大多数教师而言,教育写作的目的并不是让自己成为作家,而是成为自己专业生活的一种方式。教师的教育写作本身不是目的,其目的是为了更好地丰富自己的教育生活,促进自身的专业成长。教育写作只是一种途径、一种载体。

每到年终的时候,总有些教师在网上晒自己的教育写作成果,不少还是高产型的,一年甚至有上百篇的文章发表。从数量上看,的确非常可观。不过仔细考察这些文章,会发现大多是叙事类作品,甚至是短平快的小豆腐干,很少见厚重的文章,缺乏思想含量。这种片面追求数量的写作心态,对教师长远的有效成长并不会产生多少作用。

有些教师以发表为目的,对一些刊物的征稿,不管是不是适合自己写作,都重在参与,让自己的教育写作有东一榔头西一棒子的感觉;更有甚者,为了发表编造教育教学案例,走入"学术不端"的误区。

笔者非常欣赏苏州市第一中学杨斌老师"蘸着血肉写作"的观点。"蘸着血肉",就是忠实于自己的教育生活,植根于自己的教育土壤。这样的写作才是真正有生命力的教育写作。"文章不写一句空话"。让我们远离功利,拒绝成为"写手",做一个真正意义上的教育写作者,以教育写作夯实自己专业发展的底子。

跳出写作看教师写作

"熟读唐诗三百首,不会作诗也会吟。"这句话充分说明了积累的重要性。在教育写作中,积累亦非常重要,坚持阅读就是很重要的一个积累途径。比如有的语文教师文笔很不错,写起散文来很有味道,但就是写不出像样的语文教研文章,这跟他在语文学科方面的阅读欠缺是有很大关系的。由于缺乏积累,有些教师肚里没干货,自然就写不出高质量的教育文章。

一、好文章是"读"出来的

《人民教育》2014年第2期刊发了江苏省特级教师管建刚的《我的写读史》,文中提到他喜欢读"教育类"的杂志,是因为他要写"教育类"的文章。他在走上写作这条路后,写着写着肚里的货不够用了,就开始大量阅读。可见,教育写作可以促进教师的阅读,同时,阅读可以为教师的教育写作提供大量"干货"。

笔者曾在《杂文月刊》上读到知名评论人徐迅雷的一篇访谈文章。徐迅雷在文章中指出,他每天用6个小时的阅读去支撑2个小时的写作。徐迅雷是《读者》原创版首批签约作者,先后在《杂文选刊》《杂文报》《南方都市报》等10多家报刊网站开设专栏,是浙江省新闻名专栏的主笔,并获得国内新闻最高奖——中国新闻奖。这样一位写作高手,仍然要用6个小时的阅读去支撑2个小时的写作，这对我们教师的教育写作是很有启发意义的。

有些教师在遭遇论文危机时的一个重要归因是自己不会写。其实很多教师不会写，其根源在于缺少阅读，肚中缺乏干货，想提取的时候自然有捉襟见肘的感觉了。著名教育家叶圣陶认为，阅读是吸收，写作是倾吐，倾吐能否合于法度，显然与吸收有密切关系。叶老的这句话道出了教师写作水平提高的真谛。

二、好文笔是"熏"出来的

教育写作专家、原山东教育报刊社总编辑陶继新对阅读与写作的关系有着这样的理解。他认为，光学写作技巧是写不出好文章的，真正的好文章的来源在于大量的阅读，在于优美的文字的熏陶。他建议大家不妨读读莎士比亚作品，这样会在不知不觉中发现自己的语言变得优美了。或许，这也是"读书破万卷，下笔如有神"的具体诠释吧。其实，这也是写作的器与道之间的关系。陶继新近年来写了很多教育对话，出版了很多著作，这跟他自身大量的阅读是密不可分的。

不同的教育刊物有不同的用稿特点，只有"投其所好"，才有可能"对号入座"。教师需要阅读相关教育刊物，了解刊物的用稿特点，才能提高自己写作的针对性，提高文章被刊发的概率。这也从一个层面说明了阅读对于教育写作的重要意义。

语文名师常作印曾在一篇文章中提到，他写2000字左右的文章，至少要阅读2万字的材料，在阅读中，我们能发现别人已经写过的东西，从中梳理出自己的写作思路。常作印老师说的是"临阵磨枪"式的阅读，是针对具体任务的阅读。常作印老师发表过不少有影响力的教育文章，他的写作离不开大量的阅读。可见，对一般教师而言，更需要通过大量的阅读来为自己垫底。

三、两种阅读助力写作

要提高自己的写作水平,教师要兼顾"水涨船高"式的阅读和"有的放矢"式的阅读。

"水涨船高"式的阅读,其实就是日常的阅读,包括阅读教育著作、教育报刊,看到自己感兴趣的文章,好好研读,在读的过程中,记录一些自己的心得体会。在阅读的过程中,有时会擦出思想的火花,激发自己的写作兴趣。有了这类日常性的阅读,自己看问题的视角会更加独到,写作的立意会更高。

我们在阅读的同时,不妨写写读书随笔。写作读书随笔可以加深我们对阅读的理解,同时作为一种练笔,帮助我们提高自己的写作水平。

"有的放矢"式的阅读,其实就是一种主题阅读,是深入了解某一问题的专门阅读,具有很强的针对性。在这种钻研性的阅读中,我们对某一问题的理解会更加深入和清晰,从而为自己写相应的文章作好准备。

"水涨船高"式的阅读是在日积月累中提高教育写作水平,是一种慢的艺术,是一种从量变到质变的过程。"有的放矢"式的阅读有助于提高具体教育写作的质量,带有明确的任务性,是一种速成的过程。这两种阅读方式对教师的教育写作来说,是缺一不可的。不过,两种阅读方式中,"水涨船高"式的阅读对教师教育写作能力的提高虽然重要,但因为不紧急,往往会被人忽视。

从时间管理的角度来说,重要而不紧急的事情要多做,这对人的能力的提高是最重要的。而对于具体的教育写作任务,"有的放矢"式的阅读更为有效。但着眼于长远的发展,平时的"水涨船高"式的阅读更为重要,更需要坚持。

知识管理走进"云时代"

　　知识管理是促进教师成长的重要途径。在当下这个"云时代",随着移动互联网络的发展和移动终端的普及,知识管理很方便地进入了移动时代。与传统的知识管理相比,移动知识管理在调用知识上更加便捷。

　　教师日常接触的一些东西,都可以纳入知识管理的范畴,以此来促进自身的成长。智能手机、迷你IPAD都是极好的移动阅读工具和知识管理工具,微信和微博也能有效促进教师成长。如何在网络互动社区中取利除弊,如何用好期刊网来促进成长等,都是值得教师们细细思考的。

　　技术不是万能的,但离开技术是万万不能的。用好技术来促进自身成长是教师的理性选择。

教师成长不可忽视知识管理

2014年7月2日,《浙江教育报》刊登了一封读者来信。这封信的大意是一位工作10多年的教师,自认为教书不错,班主任工作也不错,但是她要评高级教师,要发论文,可是写不出来,感觉没东西好写。她平时也注重积累素材,教案、笔记、活动方案、参考资料、学生的来信等,塞满了书柜,就连办公室都堆得满满的。

考虑到这位教师的来信具有一定的代表性,《浙江教育报》的"前沿观察"栏目邀请了相关的专家和一线教师,用整个版面来聚焦教师如何有效管理自己的素材,以提高自身的研究能力。

笔者认为,这位教师缺乏的其实是知识管理的意识。尽管她积累了很多素材,但是没有经过必要的梳理,这些素材并没有纳入她的知识结构,没有真正为她所有。

知识管理这个概念最早在20世纪90年代出现于西方的企业管理界,不少企业把知识管理作为企业发展的重要保证,并设立了与首席经营官、首席财务官等并列的首席知识官。21世纪初,知识管理的理念进入我国的企业界。

近年来,知识管理的理念逐步进入学校教育领域,学校把知识管理和创建学习型组织结合起来。《中国教育报》2010年10月12日曾以"别让我们的教育智慧'躲起来'"为题,整版报道杭州市安吉路实验学校的"知识管理"探索。该校引入知识管理,用最先进的理念、最智慧的方法把教师引导到不断创新知识、充分共享新知识、灵活运用新知识的境界中,以知识管理促进教育创新。实践证明,有效开展知识管理对学校的发展和教师的成长具有十分重要的作用。

从目前已发表的相关成果来看,教育界对知识管理的研究以高校研究教育技术的研究者为主,主要着眼于建立一种知识管理的工具,中小学管理者和教师对知识管理的探索还比较少。

从学校知识管理的角度来看,知识可分为学校组织知识和教师个人知识。普通教师无法左右学校的知识管理,但是对自己的知识管理是完全可以做主的。教师加强知识管理,和加强时间管理、情绪管理一样,都是加强自身建设的重要举措。

教师个人知识管理是指教师在日常生活和教学实践中,对知识的获取、积累、共享、创新、评价等过程进行的管理。一般而言,教师主要做好获取、积累、整理工作,以便在需要时能顺利调用。个人知识管理的实质在于整合自己的信息资源,帮助个人提高工作效率,提高个人的竞争力。通过个人知识管理,让个人拥有的各种资料、随手可得的信息变成具有更多价值的知识,最终利于自己的工作、生活。事实上,在每个人的工作、学习中已经有了知识管理的影子,但是很多人并没有意识到这一点。如果我们能在日常工作中更加有意识地对个人的知识进行管理,就可以有效提高自身的工作效率,加快自身成长的步伐。

基于很多教师对如何有效加强知识管理缺乏深入的了解,我们不妨用研究的态度来对待知识管理,在逐渐了解的过程中,加强知识管理,改进工作,提升自我。

教师的知识分为显性知识和隐性知识。显性知识是能够清晰表述说明的知识,而隐性知识则是难以用言语准确表达的知识。隐性知识往往以专业技能的方式存在于个人行为中,习惯、方式、行为、洞察力和爱好,这些知识具有很强的个人色彩,很难进行分享和借鉴。知识管理可以把教师的隐性知识显性化,使这些知识成为具有逻辑体系、结构化的个人理论,教师借此可以更好地指导自身的教育教学实践。通过知识管理,教师也可以有效地提升自己的理论水平。

比如很多教师班主任工作做得很好,至于自己为何做得这么好,有一种"只可意会不可言传"的感觉。如果我们能把优秀班主任的隐性知识显性化,则可以更好地发挥优秀班主任的引领作用,也能让这些优秀班主任有更大的成就感。同样,很多优秀教师的教育智慧具有个性化的特征,如果缺乏知识管理的意识,是很难将宝贵的经验发挥辐射作用的。

很多学校尽管尚未有意识地在推进教师的知识管理,但是学校开展的很多活动其实是有知识管理的味道的。学校建立的一些对话和交流平台,对教师而言就是获取知识的一个很好的途径。如果教师缺乏必要的意识,就会浪费很多机会。

在现在这个网络社会,知识的获得更加便捷,交流也更加方便,一个有知识管理意识的教师能更好地促进自己的成长。

我们教师首先要树立个人知识管理的观念和意识,明确自己所需要管理的知识,并能对知识进行分类。在这个基础上,我们可以通过互联网、人际圈子和与他人交流等途径去获取知识。

在获得知识的基础上,我们需要借助必要的工具来存储自己的知识,以方便自己顺利提取自己所需的知识。有一点需要引起重视,知识存储并不是知识管理的终点,我们需要及时学习这些存储下来的知识,并真正纳入到自己的知识框架中。教师个人的知识管理并不一定要与人分享。不过,教师如果具有知识分享的意识,那么在与别人的知识分享中,能获得更多的知识。

用好知识管理的"两大利器"

在目前已经发表的有关教师知识管理的研究成果中，不少研究者推荐了一些很有专业性的知识管理工具。就笔者的经验来看，这些管理工具对普通教师并不实用。笔者认为，在知识管理上，可以做到"内外有别"，有的内容可以公开并与别人交流分享，有的内容适合自己独自掌控。在几年的实践中，笔者觉得"新浪博客"和"印象笔记"是两个比较好的知识管理工具。新浪博客属于"外向型"的工具，印象笔记是"内向型"的工具，两者有机结合，可以让知识管理变得轻松自在。

一、新浪博客 —— 综合的开放性知识管理工具

笔者早在2006年就接触新浪博客，后来不知不觉荒废了。2009年第12期《中小学管理》推出"知识管理"专题，有文章认为博客是最实用的知识管理工具。受此启发，从2010年开始，笔者就从知识管理的视角来经营自己的博客，受益匪浅。本人博客上原创性的文字并不多，自己也不大写博文，笔者对博客的定位就是自己知识管理的"金管家"。

1. 对相关知识进行分类

在博客上，我们可以根据各自的实际情况，对知识进行分类。比如新浪博客共可分成15个栏目，这样，我们可以根据自己的需要分门别类，比如说发表文章、参考资料、且行且思、偶有一得、工作日志等。

而且,我们可以在新浪博客的日志上利用超链接功能进行目录编排,然后点击相应的目录就可以找到想要的内容。

对于不想让别人看到的内容,可纳入隐私博文。这样,别人看不到,自己还是可以清楚地看到的。

2. 链接常用网络地址

新浪博客其实也是一个实用的电子工作平台,自己平时想去的一些网站,都可以链接在博客上。比如,《中国教育报》《教师博览》、"源创图书"等网站和官方博客,都可以链接在博客上,自己想去的时候,点击即可,也不需要去问"度娘"了,大大方便了自己的网络学习。

3. 开展网络人际交流

有一种朋友叫博友,也就是大家经常在博客上往来,相互学习,时有互动,于是就成了以博客为纽带的网友。博友还有可能发展成为现实中的朋友。以前,笔者经常在《中国教育报》上读到上海市虹口区教育局常生龙局长写的书评,对这位坚持读书写作的书生局长很是佩服。后来,笔者在网上发现了他的博客,于是也成了他博客的忠实访客。没过多久,笔者发现常局长也来本人的博客了,并给笔者留言。这样一来二去,我们成了相互关注的博友。他还给本人的《从新手到研究型教师》一书写了书评,后来发表在《中小学德育》上。2013年8月,笔者在上海书展现场见到了常局长。2014年3月,笔者的《教师阅读力》一书出版,常局长还专门为书写了序言。可见,以博客作为纽带,可以扩大自己的交往面,交到有共同兴趣爱好的朋友。

二、印象笔记 —— 文本管理的"顶级高手"

印象笔记是一款效率软件,可以免费下载使用。笔者是在查找苹果IPAD的APP应用软件时发现的,用了之后就难舍难分了。这款软件的普通用户(免费使用)每月可上传60M文件,进行文本处理足矣。

这款软件分为笔记本组 — 笔记本 — 笔记这样三级管理。笔记相当于一个 Word 文档，笔记本相当于一个文件夹，笔记本组相当于上一层的文件夹，三级条目会在页面边上显示，一目了然。

而且，印象笔记内的笔记还有复制笔记本内部链接的功能，只要把某个笔记页面作为索引页，就可以很轻松地找到想要的笔记内容。

印象笔记可以在固定电脑（包括台式电脑和笔记本电脑）、IPAD 和手机上安装，这样，印象笔记上的内容可在固定电脑、IPAD 和手机上同步传输。如果自己有什么灵感在手机上写下来，在有网络的情况下就能自动同步到固定电脑的印象笔记中，可以在固定电脑上继续修改。

笔者现在就把印象笔记作为自己文本管理的工具，自己历年来发表的文章、最新思考的一些问题、相关的学习资料等都在这个软件上，并且实现了电脑、IPAD、手机"三位一体"的传输，让自己的文本管理变得非常轻松自在。

三、让新浪博客和印象笔记各尽其用

在知识管理上，新浪博客和印象笔记可以发挥各自的优势，教师可以把两者有机地结合起来。

新浪博客需要在具备网络的条件下使用，在固定电脑和各类移动终端上都可以浏览，但管理还是需要在固定电脑上，其他的移动终端操作并不是很方便。不过，新浪博客可以作为教师的一个自媒体好好经营。教师可以通过新浪博客的分类功能以及相应的超链接，方便地找到自己所需的资料，并实现资源共享和形象展示。

对于不适合公开的相关内容，新浪博客虽然可以设置隐私功能，但也会给自己的查找带来不便。

印象笔记作为知识管理的"内管家"，则可以避免有些内容不宜公开的尴尬。而且，印象笔记上的内容，在完成同步的基础上，不需要网络就可以查阅,这一点比新浪博客更实用。

　　印象笔记中的文本格式相当于 TXT,容量非常小,因此占用的空间不大。如果需要管理图片、音频等其他文档,可以选择使用印象笔记的收费版,费用也不贵。通过印象笔记的管理,可以让自己的各类资料各就各位,并且还可以根据自己的需要随时添加新的内容。

　　微信上的内容可以直接分享到印象笔记上,这样我们在微信上看到好的内容,就可以纳入印象笔记中自己的知识管理系统了。

　　另外,印象笔记中的每一条笔记都有自己的内部链接。这样,我们可以利用印象笔记建立资料管理的目录,非常便捷地找到自己所需的资料。

　　从某种程度而言,在移动互联网终端、无线网络的基础上,印象笔记可以有效地实现教师个人知识的移动管理。因为,相关的知识,通过印象笔记的同步功能,可以非常便捷地随身携带和提取。

　　就教师的知识管理而言,如果能把新浪博客和印象笔记结合起来,这样的强强联合是非常给力的。

善用相关报刊的电子版

2014年2月7日上午,笔者浏览了一下当天《光明日报》的电子版,看到《PISA,换个视角看基础教育》一文,就把这个版面的PDF下载下来。现在,笔者已形成了这样的习惯,每天抽几分钟时间浏览一下《人民日报》《光明日报》《新华每日电讯》《中国青年报》《中国教育报》的电子版,看到自己感兴趣的内容及时下载,有的作为资料保存,有的另抽时间细细品读。

一般情况下,《光明日报》《新华每日电讯》《中国青年报》《中国教育报》的电子版都是可以随时浏览和下载的;《人民日报》有点特殊,除1~4版的新闻版外,其他版面的电子版仅限当天浏览和下载,所以要及时关注。可能很多人对《人民日报》有误解,认为这份报纸是国家级党报,内容会很枯燥。其实《人民日报》的版面很多,有不少版面的内容是值得教师阅读的,比如"科教周刊"、评论版、每周二的读书版、文化新闻版的教育新闻等。

上述5份报纸中,除《中国青年报》外,其余四报版面都有PDF可以下载。这些下载的PDF可以作为自己的资料,或用于课堂教学,或用于学术交流,可以让自己的观点呈现得更直观而有力。如在给学生上"生涯规划"课程的时候,笔者就用最新的主流媒体的相关报道以图片的形式呈现给学生，这样更容易打动学生；在举行读书讲座的时候，笔者把《新华每日电讯》上的《经典名著为何成为"治疗失眠利器"》作为配图，来说明浅阅读时代阅读所面临的挑战，就很有震撼力。

大多数教师手头不大可能有纸质的《人民日报》《光明日报》等报纸，但是在这个网络时代，只要我们愿意，我们可以在第一时间与它们亲密接触。通过这些报纸的电子版，我们可以很快锁定自己所需的内容，如果能每天坚持几分钟，就可以让自己收获更多，尽管我们身在学校，同样可以心系天下。借助主流权威媒体的力量，我们可以站得更高，看得更远。

《中国教育报》的一些相关调查，可以很好地指导教师的教育教学行为，也可以成为教师研究和写作的素材，比如《改进师生关系，教师需提高教学能力》《初中生自我管理能力亟须提升》等。《中国教育报·课程周刊》上的很多内容，直接关乎教师的成长，对教师如何加快成长的步伐是很有启发意义的。

当然，教师如果有重点关注的主题，有意识地利用这些媒体搜集资料，则会有更大的收获。比如笔者一直关注媒体夸大学生心理问题的倾向，当在《中国青年报》2013年6月20日的电子报上看到题为"哈尔滨一项调查显示：近半数中学生存在心理问题"的报道后，笔者马上和2013年初宁波市公布的一个调查数据联系起来。根据《钱江晚报》2013年2月17日报道，宁波市心理卫生协会公布的2012年宁波市中小学生心理健康状况调查显示，13%的中学生存在心理问题。那么哈尔滨和宁波两地的中学生的心理健康状况真的存在这么大的差异吗？事实上，心理测试所采用的量表不同，结果往往不同。但是这样的调查数据一经媒体发布，而且经网络广泛传播，就可能误导大家对中学生心理状况的客观认识。于是，笔者就写了一篇《媒体不要成为片面夸大学生心理问题的"推手"》在《中国教育报》刊发,此后多家网站转载了这篇文章,影响较大。

围绕媒体片面夸大学生心理问题这一话题,《师资建设》杂志也专门开设了大型讨论,刊发了很多讨论文章。笔者结合多年来对这个问题的思考,写下了《理性看待学生心理问题,走正心理教育路子》一文。《师资建设》杂志还把这篇文章作为这次主题讨论的序言予以刊发。

就笔者本人而言,这几年一直关注相关刊物的电子版,积累了很多学习资料。这些资料,大大开阔了自己的视野,带给自己很多启发,让自己时刻保持对新鲜事物的敏感,写作时也能随手引用相关论据,非常方便。

关注相关报刊的电子版,可以让自己对教育热点和难点问题有清楚的认识,可以弥补自己手头资料不足的局限。在这些刊物的电子版面前,人人都是平等的。这些刊物的电子版,其实就是网络给我们提供的免费盛宴,在这些盛宴面前,你动不动心,行不行动,主动权完全在自己手里。

每天抽出几分钟时间,关注一下自己收藏的几份权威报刊的电子版,这样,可以让自己拥有更多有价值的资料,来充实自己的大脑,让自己在潜移默化中站得更高,看得更远。

巧用"两微"助成长

笔者曾在微信朋友圈看到《教师博览》杂志社方新田先生发的一条关于"微博与微信"的微信,觉得非常有道理。"一对好兄弟,功能各不同。微博关注新闻和人间百态,微信侧重吃喝玩乐交朋友。往大了讲,微博是你监测生存环境的瞭望岗,而微信是你个人生活的自留地,他们各美其美。"的确,微博和微信这"两微",已经融入我们的日常生活,成为网络社会不可或缺的网络工具。

笔者觉得微博和微信不仅仅是信息交流的工具,同样也是学习的好工具。在越来越多的个体和媒体都在使用这两个工具的当下,把这两个工具作为学习工具,更能显示其威力。而且,微信和微博都可以在手机上使用,属于可以随身携带的移动学习工具。

目前,新浪微博和腾讯微博是两个使用人数较多的微博。比如朱永新教授同时开有新浪微博和腾讯微博,关注两个微博的人有好几百万。而且,很多人还会转发朱永新教授发的微博。这样,朱永新教授发的一条微博,其影响力有时候是很难估计的。现在,不少专家学者都开有微博,关注他们的微博,可以获得很多信息,这是一种实实在在的"微学习"。《中国教育报》等媒体也都开通了官方微博,他们会把报纸上刊发过的一些精彩文章再在微博上发出来。这样,我们可以通过这些微博,进行进一步的延伸学习。

我们在网上看到一些精彩的文章，也可以通过分享到微博的方式，把这些属于茫茫网海中的文章，放到自己的一亩三分地中，查找起来就非常方便。比如，笔者在《中国青年报》上看到自己感兴趣的文章，就分享到自己的新浪微博上，有需要的时候，到自己的微博查找，这样自然就显得非常便捷了。

同时微博还是一个很好的交流与互动的工具，在与别人的交流与分享中，也能得到意想不到的启发。

微信是腾讯公司近几年开发出来的一款人际交流工具，已有越来越多的人在使用。微信既可以是朋友间交流信息的平台，也是学习和分享的平台。当你的微信好友在"朋友圈"发布一条信息，你就可以看到。现在，很多教育专家都在使用微信，他们发布的信息有些是跟教育相关的文章，有些可能是跳出教育看教育的文章，只要你关注他们，就可以分享这些信息。

另外，很多教育行政部门和媒体也开通了自己的微信公众平台，如教育部的"微言教育"、浙江省教育厅的"教育之江"等。教育部的"微言教育"主要发布教育资讯，提供教育服务，提示注意事项等，并邀请大家关注中国教育的改革发展，一起分享中国教育的精彩瞬间。其实，这些教育行政部门的微信并不是严肃的、端着的，而是具有亲和力的，提供的很多信息是非常实用的。

《人民日报》《光明日报》《中国青年报》《中国教育报》《中国教师报》《教育时报》《人民教育》《教师博览》《今日教育》《中国教育学刊》《中小学管理》等媒体都开通了自己的微信公众平台。有些媒体每天都会推送几条信息，有些是隔几天推送几条信息。这些媒体推送的文章，都是经过精选的，很有价值。《中国教育报》微信公众平台的粉丝已超过80

万,这比《中国教育报》的发行量还要多。《教师博览》微信公众平台的粉丝已经超过12万,有的文章的点击率超过10万,其影响力已不亚于一份教育刊物。而且,关注《教师博览》微信公众平台的用户都是属于主动的,这一平台对他们能产生实实在在的影响。

还是以《中国教育报》的微信公众平台为例,他们推送的信息有些是在综合分析各类媒体报道的基础上重新整理的,这样就更加全面客观。

2015年,中国教育报刊社所属的《中国教育报》《中国教师报》《人民教育》等"两报四刊"全面改版,并推出了"中国教育之声"微信矩阵,除了"两报四刊"各自的微信公众号外,还有"好老师"微信、"家庭教育之声"微信等。以"好老师"微信为例,每周推出一位名师,每天都有相关内容,揭示这些名师成长的幕后故事以及对教师成长的启示等。仅在2015年1月~2月,这个微信平台就推出了华应龙、魏勇、窦桂梅、吴正宪等目前在基础教育界非常有影响力的名师。同时,《中国教育报》还同步推出相应的名师访谈。可见,关注"好老师"微信,为我们"零距离"接触一流名师提供了便利条件。

不少刊物的微信公众号会推送一些各自刊物上发表的好文章,比如重庆的《今日教育》杂志在这方面做得非常好。没有订过这些刊物的教师,可以在其微信公众平台上一饱眼福。

有些个人也开通了自己的微信公众平台。生命化教育和家庭教育研究者张文质开通了"张文质家庭教育",每天发布跟家庭教育有关的资讯和相关研究材料;《教育时报》编辑代修鹏开通了"修鹏读报",精选全国报刊公开发表的有价值的内容。

微信一般在手机上使用,在微信上看到好的文章,如果想收藏保存,这时候微博就可以发挥大作用了。我们只要把微信上的内容转发到腾讯微博或者新浪微博,就可以在电脑上进行处理了。这样,微信上的内容就彻底变成自己随时可以取用的参考资料了。这个方法笔者经常使用，借此积累了不少有价值的内容。有些刊物会在自己的微信公众平台发布刊物中最新发表的文章，这些刊物自己并不一定能看到，即便能看到也不方便找到电子稿，通过微信转发到微博，就可以把这些文章的电子版保存为自己所需要的材料。

微博和微信，是移动互联网时代两个最常用的媒体工具。如何让这两个工具发挥大作用，关键还在于使用它们的人。有人批判说微博和微信让人的阅读碎片化，让人处于浅阅读的状态。其实，微信和微博上的阅读并不都是浮光掠影的，也可以是非常厚重的学术文章，关键在于使用它们的人想读到什么。如果我们能好好利用这两大工具，那么就可以可以更方便地获得新知、搜集资料，用好碎片时间，更好地助力自己的成长。

参与互动社区要取利除弊

从知识管理的角度来说,参与网上互动社区是知识获取和知识分享的有效方式。与关注相关报刊的电子版一样,参与网上互动社区也是教师自觉自愿的行为。

与教师知识管理相关的互动社区主要指的是教育教学论坛和相关的QQ群。客观地说,现在的教育教学论坛,与当初欣欣向荣的状态相比,已经过了其黄金期。比如说,新教育人创办的"教育在线"曾成就了一大批草根名师,网上论坛给了有梦想的教师更多的学习和展示的平台。现在的不少教育名人,当初都是在"教育在线"上从懵懂走向成熟的。不过,现在的教育教学论坛依然发挥着促进教师成长的作用。目前,除了"教育在线",中国教育新闻网的"桃李社区"、《中国教师报》的"香山论坛"、《教育时报》的"树人网"、《班主任之友》论坛,还是聚集了一定的人气。

中国教育新闻网的"桃李社区"的一些精彩内容,会显示在中国教育新闻网的首页上,这样就具有很大的影响力。另外,中国教育新闻网的"桃李社区"也具有博客的功能,不少教师在这里开通了博客,一些优秀的博文也会精选到中国教育新闻网的首页。而且,中国教育新闻网的"桃李社区"有着严格的审核机制,论坛和博客的整体质量都有一定的保证。

生命化教育的倡导者和实践者张文质建立的"1+1"教育论坛也非常

有吸引力。这个社区主要以个人日志的方式进行知识分享和交流，有不少教育名家入驻，值得我们教师关注。

腾讯的 QQ 群，最初是作为人际交流圈的方式出现的，比如同学群、老乡群、爱好群等。2010 年前后，很多媒体建立了编读 QQ 群。这些 QQ 群，有些是报刊的官方群，有些是编辑个人组建的征稿群，有的是有些教师建好后让自己有联系的编辑用的。比如"中国教育报读书周刊群""中国教育报课程周刊群""教师博览编读群""中国教育学刊之友群"等。

除了教育媒体的群外，还有一些是教育教学的交流群，或者以专家名义建立的交流群。比如常作印老师牵头建立的"追梦教师沙龙"、中国教科院姜朝晖博士牵头建立的"中国青年教育学者群"、湖南师大刘铁芳教授牵头建立的"刘铁芳教育教学交流群"。这些群，也吸引了不少教师加入。

一些品牌图书也建立了自己的 QQ 群，如源创图书建立的"源创图书馆"、大夏书系建立的"大夏书系教师月刊群"。通过这些群，我们可以获得最新优秀图书的资讯，也能和其他热爱读书的教师共享阅读心得体会。

可以说，上述这些群都可以纳入跟教师成长相关的教育教学专业群的范畴。教师根据自己的需要，针对性地参与一些群，能获得一些信息，比如征稿信息、最新图书信息；也有助于对教育热点问题进行探讨、联系编辑等。

按理说，物以类聚，人以群分，不同的群应该有不同的定位。比如，在"源创图书馆"里，我们最关心的应该是有关源创图书的最新信息，大家读了"源创"图书后的心得体会等。但是这个群中很多人发布的信息跟这些风马牛不相及。现在很多群的群员鱼龙混杂，不少人也没有规则意识，比如有些人把群当秀场，自己在某份刊物上发了篇文章，一定要到几十个群中去播报一下；有些人转的一些文章，也是贴到自己所参与的群中;有些人在自己的博客上写了一篇博文,也要发到所有的群中。当然,把有些东西发到相关的群中,可以起到交流的作用,但并不适合发到所有的群。

其实,群是一个公共场所,我们教师要有尽量不打扰别人的意识。不给别人添麻烦是一个人应有的美德。我们自己的博客、微博就是一种自媒体,我们发在自媒体上的东西,有人如果喜欢,他们就会光顾。有些内容你也可以定向播报,发给自己感兴趣的人。但是,现实中,在群中群发信息还是一种常态,如果你加入了比较多的教育教学群,有些东西你会看到几十遍,这如同很多垃圾信息在你面前晃悠。

不同的群有不同的定位,加入不同的群,是为了获得不同的信息,因此教师在加入这些互动群时要有所选择。

现在,不少QQ群里有很多的负能量,有些教师把群当作抱怨的场所,在群中发泄自己对工作的牢骚、对校长的抱怨。面对这些负能量,教师还要有避免被"骚扰"的能力。

另外,教师加入的群过多,也会浪费自己的时间。毕竟教师平时的工作很忙碌,能自由支配的时间很有限。笔者曾在某群看到某教师的"业绩"展示,说自己加入了几百个群,并且管理了数十个群。教师的闲暇时间本来就有限,还这么奉献给"群管"事业,那么自己还有多少时间来学习提高?有些教师在不少群里都是"话痨"级的,可见,他们在很多群里都是活跃分子。我们教师应该经常追问自己的时间究竟"去哪儿了",这样有助于我们理性审视自己在这些互动社区上所花的时间。如果我们不能很好地控制在这方面的时间投入,那么不仅是知识管理做不好,恐怕连自己的时间管理也要成问题了。

学会及时盘点知识

商场每隔一定的时间，会对货物进行盘点，以了解一段时期内的经营状况，更好地促进下一步的经营。教师也应在一定的时间，对搜集的信息和自己的行为及思考进行盘点，让自己更好地走今后的成长之路。否则时间一长，或者遗忘，或者因为容量过大而无法整理，不知不觉中错过很多有利于自己成长的东西。

一、及时整理下载的资料

对于网上下载的资料，最好过1~2周整理一次。在整理的过程中，会对自己感兴趣的内容再度予以关注，然后再分门别类，方便需要时提取。对这一点，笔者原先也不怎么注意，尽管自己经常关注《光明日报》《中国教育报》等报刊的电子版，看到感兴趣的内容，会及时把相关版面的电子版下载下来，保存到统一的文件夹中，但是，也只是下载保存了事，没有及时进行整理归类，时间一长，就要花费很多时间去查找，而且对一些好内容也未能有效关注和利用。如果能在1~2周之内，把这些内容整理一下，按照不同的类别归入不同的文件夹，并根据需要进行二次阅读，这样自己对这些下载的精华就能了然于胸了。另外，我们还可以建立一个索引，把相关资料的标题和来源标注清楚，查阅的时候就一目了然了。

对自己感兴趣、有参考引用价值的 PDF 格式的文章，可进一步在网上查阅相关文章的电子稿，整理好后分类保管。

二、学会主动写总结

如今一到年末，媒体除了关注各种榜单、各种盘点，还关注代写总结。根据《新华每日电讯》的报道，现在各类代写总结的生意很好。这固然有形式主义作祟的因素，但是有一点也不容忽视，很多人并没有形成及时盘点自己的习惯，教师也不例外。现在，借助网络的便利，有些教师也省了写总结所需费的心思了。《德育报》社长兼总编张国宏曾开玩笑地说过一句话："偷懒是要遭报应的。"其实仔细品味一下，这话不无道理。这个"报应"可以理解为教师自绝成长之路，让自己失去了成长的机会。

现在，学校要求教师写的学期总结或者年度总结，在不少教师看来，是"被"写总结，而不是自己"要"写总结。现实中，不少教师也是以应付的心态来写总结的，甚至拿出上一年的总结来交差。其实，总结就是对自己一段时间工作的小结，在总结的过程中，能发现自己的不足，有助于自我反思，自我改进。做好总结工作，也是知识管理的一种途径，我们能在认真总结中把一些隐性知识显性化。

教师如果形成了盘点自我的习惯，就不会将写总结看作自己的负担，而当作提升自我的有效途径。通过周小结、月总结、年度总结，我们既能够更好地留下自己工作和成长的痕迹，也可以有效推进自己的知识管理。从这些盘点中，我们可以看清楚自己成长的心路历程，也为自己的可持续发展提供借鉴。

三、及时整理培训心得

聆听窗外声音，是教师促进自身成长的有效路子。的确，与专家学者面对面，能开阔教师的视野，提升教师的境界。但是，我们很多人都有这样的感觉,听讲座时很激动,时过境迁,也没有留下什么印象,更没有转变为促进自身成长的力量。原因是我们很多人并没有及时记录整理所听讲座心得的习惯,时间一长,自然就淡忘了。如果我们能及时记录自己所听讲座的内容,并在整理的过程中把自己的心得体会融进去,形成书面材料,这样就给自己留下了可供进一步思考的材料。相信以后再看到这些材料时,还会引发一些新的思考。

同样,我们外出听课或参加教研组的教研活动,阅读相关的书籍或资料,有什么想法,如果能及时记录下来,也可以起到类似的效果。

自己一段时间内的学习情况如何,自己有什么反思,自己形成了多少书面成果,自己今后可以少做哪些无用功,自己在哪些方面还可以继续努力,这些都属于盘点自己的范畴。如果我们形成了盘点自己的习惯,就可以对自己的发展脉络有更清楚的了解,更好地发现自己的不足,进一步改进自己的行为,让自己今后的发展道路走得更加顺畅。

养成盘点自己的习惯,是教师成长历程中的必修课。

利用期刊网开展延伸阅读

我们平时看到某种教育现象，或者读到某篇文章，自己感兴趣的，可及时到中国知网、维普资讯和万方数据等期刊网进行查询，看看就这个问题，已经有了多少公开发表的成果。有些地方，为本地居民提供免费的数据服务，大家在期刊网上可以免费下载文章，有些地方不具备这样的条件，教师下载期刊网上的文章需要付费。不过，教师要促进自身的成长，有时候也需要下点本钱，这也算是对自己的成长的一种投资吧。

我们在阅读期刊网上下载的文章的时候，或许在不经意间会擦出思想的火花，让自己有一种豁然开朗的感觉，能进一步打开自己的思路，让自己在教育教学上走得更远。

以"知识管理"这个话题为例，笔者是 2009 年在教育刊物上读到与"教师知识管理"相关文章后，对这个问题产生了兴趣。于是，笔者就到中国知网上下载了已经发表的相关文章。通过阅读这些文章，笔者对教师知识管理的重要性以及如何开展知识管理有了清楚的认识，自己也有意识地来加强自身的知识管理。此后，笔者会定期到期刊网上查阅有没有最新发表的跟这个话题有关的文章，看看这个话题有没有什么最新的研究进展。借助期刊网，笔者对关注的问题有了系统而全面的认识。

笔者想写某方面的文章时，一般也会到期刊网上查一下，看看这方面已经有了多少发表的文章,看自己在哪些方面可以突破。这样写出来的文章自然更有底气。

可以这么说,笔者就是利用期刊网开展延伸阅读的受益者。在2009年以前,中国知网需要付费下载。当时,笔者是有选择地下载一些最需要的内容。2009年以后,宁波市科技文献检索网开通后,依托这个网站,在中国知网、维普资讯和万方数据上下载文章都是免费的。这样,笔者对自己感兴趣的话题,可以随心所欲地下载相关文章了,为自己的学习和研究提供了极大的便利。

我们在阅读教育期刊的时候,有些文章文后附有参考文献,自己感兴趣的,不妨在网上查找一下。我们可以先在"度娘"上试一下,说不定会有意外的惊喜,因为有些作者会把文章放到自己的博客或相关的网站上。如果查不到,我们可以求助期刊网。这也是一种行之有效的延伸阅读。

我们在查找资料的时候,仅仅依靠"度娘"是不够的。在"度娘"上查到的信息是最大众的,是大路货,有时并没有太大的价值。而期刊网上收录的文章就不一样了,这些都是在公开刊物上发表过的,相对而言质量比较高。

不过,我们查找相关资料的时候,还要多一个心眼,要看看这些文章是在什么样的刊物上发表的,这一点非常重要。有些文章的标题看起来很诱人很时尚,仔细一看,是发表在毫无影响力的收费刊物上的,这种文章的含金量自然就大大降低了。这样的文章也许本来就是随意拼凑起来的,就是出钱买个版面,让这些文字变成铅字而已。这样的刊物,跟自己随便编个论文汇编也没多大区别,没有多大价值。另外,也不能光凭期刊网收录或者是否邮发来判定一个刊物是否货真价实,现在有不少打擦边球的毫无质量的刊物也可以邮发,也能被期刊网收录。

一般而言，在权威和核心刊物上发表的文章质量高一些，因此就更有参考和学习的价值。教师要对自己学科有影响力的刊物有所了解，对优秀的综合教育类刊物也要门儿清。尽管现在对核心期刊的认定也有争议，不少学者也反对以刊论文，即不能机械地用刊物的级别和影响力去评定论文的价值，但是就一般情况而言，在这样的刊物上发表的文章质量还是过硬的，因为这些刊物会比较注重自己的形象和声誉，对所刊发的文章会有一定的质量标准。

对于一些不很熟悉的刊物，我们可到中国知网上查查这份刊物一个月有几期，每期的页码是多少。如果一份刊物是旬刊，每一期都有好几百页，这份刊物的身份就值得怀疑了。所以，看到自己感兴趣的文章，可先看看这文章是发表在什么刊物上的，如果是毫无影响力的刊物，可以选择性忽略，以免浪费时间。

经常关注期刊网，有助于我们清楚认识自己学科和教育的一些热点，有助于我们对自己关注的问题进行长期跟踪，站在制高点上来认识自己关注的问题，厘清自己的头绪，更好地促进自身的工作和学习。很多教师往往是在需要的时候，按图索骥地通过搜索引擎来搜索资料。这种资料搜集方式与平时积极主动地搜集自己感兴趣的资料有本质区别。后者对自己的发展更有帮助，更有针对性和指向性。

学会利用期刊网，把自己需要的及时下载并分类，这既是教师个人知识管理的途径，也是一种有效的研究行为，是教师促进自身成长的有效途径。

让"云"成为教师成长的隐形翅膀

近年来,随着云储存技术的出现,网络的功能越来越强大。云储存技术使得资料可以在不同电脑和移动设备间同步储存,大大方便了知识管理。

2014年全国两会期间,《中国教育报》以"教育的翅膀在'云'端"为题,对全国两会代表委员围绕信息技术如何成为提高教育质量、深化教育领域综合改革的有效手段等问题建言献策进行了报道。的确,在这个信息化的社会里,教师也要畅游"云"海,驰骋在"云"端,让"云"成为加快自身成长的隐形的翅膀。

网络只是一个工具,关键在于谁在使用。《中国教育报》曾刊登过一篇《可怕的备课靠百度》的文章,说现在有些教师离开了"度娘",简直就不会备课了。对教师而言,在备课时借助"度娘"的力量,把课备得更好,这是教师充分利用了网络技术来服务自身的教育教学工作。问题在于,不少教师则是充分利用了网络的便利,简化了备课程序,采取了"拿来主义"的方式,直接在网上下载课件或教案为己所用,这是不可取的。

2013年底,《中国教育报》也以"拿到的就是自己的"为题,对当前教师直接抄袭教案的现象进行了关注。网络在为教师提供便利的同时,也助长了教师的惰性。"3000字,3分钟搞定",一些教师就采用这样的方式来应付需要上交的文章。有些教师不仅直接在网上下载教案、课件，甚至连计划、总结也是依靠网络，自己显得一身轻松了。

网络是工具，不是玩具，工具的价值在于利用其为自己服务。从知识管理和教师成长的角度来讲，网络缩短了我们成长的距离。在网络面前，大家都可以处在同一条起跑线上，如何充分利用网络来加强自身的知识管理，则考量着教师的智慧。

网络的云储存和相关的技术，有助于教师加强自己的知识管理，加强同伴协作。比如 QQ 既可以闲聊，也可以用来对话、听讲座，关键在于自己想用 QQ 来干什么。

在很多人看来，IPAD 是娱乐工具，但是依托网络，它同样是很好的学习工具。比如依托网盘可以实现信息共享，可以看电子书，或阅读相关资料，还可以随时记录自己的思想火花，并通过相关的软件与电脑同步。从这个角度而言，IPAD 真的是一个极好的移动学习工具。

有人曾作过统计，一个上班族每天一般有数十分钟的边角料时间。如果能把这些边角料时间有效利用的话，就能给我们增加很多有效时间。通过云技术，再辅以移动学习工具，就可以把一些原来用不上的零碎时间，变成一段段有效的"微学习"时间。

有些大屏幕手机就可以充当这样的学具。在手机里安装"印象笔记"软件，在台式电脑或笔记本电脑上同样装上这一软件，通过电脑把文本输入到印象笔记中，相关的内容就会同步到手机的印象笔记软件中，这样，一旦有了零碎时间，就可以利用手机方便地阅读了。

IPAD 可以使用新浪微盘实现和电脑的文件同步传输，大大方便自己的移动学习。比如，从《中国教育报》电子版上下载某一页报纸的 PDF 版面，就能在 IPAD 上像读报纸一样阅读，相当于把报纸搬到了 IPAD 上。另外，在期刊网上下载的 PDF 格式的文章，在 IPAD 上读来也非常舒适。

通过IPAD，就相当于把自己需要的阅读材料随身携带了。通过新浪微盘同步的文件，只要下载到IPAD里，即便在没有网络的情况下，也是能够阅读的，这样就可以让自己更好地利用碎片时间。

在这样一个"云"时代，网络加上移动学习工具，就可以为自己构筑一个"唾手可得"的学习环境。不过，技术究竟能发挥多大的作用，关键还在于使用技术的人。前阵子，网上流行这么一段图文，说智能手机对青年人的影响比以前鸦片对国人的危害还要大。笔者觉得，这个论断未免太武断，也有些危言耸听。在电子技术快速发展的当下，手机的功能会越来越强大。那么，究竟把手机当玩具还是当学具，关键还在于拿手机的人。《人民日报》2014年3月21日刊发的《人类得了病，不能赖手机》，很值得我们思考。在这一点上，教师不妨给学生做个表率，让学生对这个现象有个明确的认识。

随着技术的进步，电子书包、移动学习等都已经在不少地方落地。作为教师，对这些新兴的事物一定要保持足够的敏感，并能与之共舞。充分利用"云"来加快自己的成长，应该成为越来越多的教师的共识。

后记

继续行走在成长的路上

2012年12月,我有幸成为浙江教育报刊总社"名师成长"导师库首批导师之一。忝列主要由全省知名校长和知名教师组成的77人的导师团队中,我有点诚惶诚恐。为扮演好这个角色,我开始进一步关注教师成长这个现实话题。

对于教师专业成长,我并不陌生。自2005年走上学校中层管理岗位以来,我一直负责学校的教师培训工作。不过,以往自己的目光只聚焦在本校和所在区域,现在作为省级导师库的一分子,自己就必须跳出"小范围",来更好地思考有关教师专业成长的话题。

近年来,各级教育行政部门越来越重视教师的专业发展。教育部先后出台了中学、小学、幼儿园和中职四个教师专业标准。浙江省教育厅2010年底印发了《浙江省中小学教师专业发展培训若干规定》(试行),明确要求从2011年7月1日起,开展五年一轮的教师专业发展培训,并与教师的教师资格定期注册相结合。

今天的教师要参加很多的培训。"培训是教师最大的福利",这句话也曾一度流行。不过这句话是有前提的,那就是教师参加自己乐于参加的培训。如果教师是"被培训"的,抱着消极的心态去参加培训,这样的培训就是老师的负担。华东师范大学李政涛教授提出的"现场学习力"的观点给了我很多的启发。要使教师在各类培训中有更多的收获,必须唤醒教师的现场学习意识。

教师的专业成长需要外力推动和自我提升的有机结合。现在,很多学校都在开展校本研修活动,对教师而言,充分利用各种便利,开展自我研修,并把自我研修作为自己的一种生活方式,才能为自己的可持续成长注入不竭的动力。

这本书的写作,我充分运用了新式武器,整本书的写作是在"印象笔记"软件上进行的。印象笔记上的内容可以实现手机、IPAD和电脑三者同步。我在家里的电脑、办公室电脑、笔记本电脑、手机、IPAD上都装了这款软件,这样,有空的时候随时都能进行写作,有效利用了一些碎片时间,比如各种排队等候的时候、听讲座休息的间隙、坐车的时候,自己有什么想法,都可以在手机上写作,把瞬间的思想火花保留下来,并且同步到其他终端上,随时查看和修改。借助这个软件,我对整本书稿的写作进程有了更明确的把握。这件事也给了我深刻的启发,已经处于"云"端的我们,如何利用新技术来促进自身的成长是一个不容忽视的话题。

在这个过程中,我也发表了利用微信促进阅读、利用手机开展移动学习等方面的文章,并在实践中摸索出了移动知识管理的有效途径。

这本关于教师成长的书,既跟自己的成长有关,书中留下了自己成长的痕迹,也是自己对教师成长的一个观察记录,是自己作为基层学校教师培训负责人在日常工作中的积累和思考。书中内容既涉及观念的问题,也有方法的说明,做到了"道"和"术"的结合。其实,观念作为一种软实力,其作用是不容小觑的,所以,我们教师在观念上的与时俱进非常重要。在观念水位上升的前提下,应对方法的升级才会更给力。

感谢《德育报》社长兼总编张国宏先生为本书作序,感谢《教师博览》

杂志主编向晴女士、《教师月刊》杂志首席编辑朱永通先生、《浙江教育报·教师周刊》主编吴志翔先生、《教育时报》首席编辑代修鹏先生为本书撰写推荐语。这些教育媒体是我成长路上的忠实朋友，也希望更多的同行从中受益。

感谢宁波出版社的徐飞先生和陈静女士为本书编辑出版作出的努力。尤其是徐飞先生，对书中文字的打磨，让我深深感受到了编辑在一本书背后的默默付出。

成长没有止境，我将继续行进在成长的路上。衷心希望在这条道路上，有更多的教师朋友同行。

刘　波

2015 年 4 月